VENDEDORAS BOAZINHAS ENRIQUECEM

Elinor Stutz

VENDEDORAS BOAZINHAS ENRIQUECEM

Tradução:
Lorecy Scavazzini e
Maria Augusta R. Tedesco

Editora Gente

Editora
Rosely M. Boschini

Assistente editorial
Rosângela Barbosa

Produção
Marcelo S. Almeida

Projeto gráfico
Editora Gente

Copidesque
Djalma de Lima

Revisão
Valquíria Della Pozza

Capa
Casa de Idéias

Diagramação
Join Bureau

Título original: *Nice girls do get the sale. Relationship building that gets results*

Rua Pedro Soares de Almeida, 114
São Paulo, SP - CEP 05029-030
Telefone: (11) 3670-2500
Site: http://www.editoragente.com.br
E-mail: gente@editoragente.com.br

Dados Internacionais de Catalogação na Publicação (CIP)
(Câmara Brasileira do Livro, SP, Brasil)

Stutz, Elinor
Vendedoras boazinhas enriquecem / Elinor Stutz ; tradução Lorecy Scavazzini e Maria Augusta R. Tedesco. – São Paulo : Editora Gente, 2007.

Título original: Nice girls do get the sale.
ISBN 978-85-7312-538-2

1. Administração de vendas 2. Clientes – Contatos 3. Vendas 4. Vendedoras I. Título.

07-0666 CDD-658.85

Índices para catálogo sistemático:

1. Vendedoras : Administração de empresas 658.85

SUMÁRIO

AGRADECIMENTOS

Antes de tudo, agradeço imensamente ao meu marido, que mostrou o caminho da minha carreira de vendas ao longo dos anos e que tanto me estimulou a escrever um livro.

Em segundo lugar, todo o meu amor aos meus filhos, Jeff e Netanya. Ainda adolescentes, motivaram-me a não desistir da carreira em vendas. Agora, já adultos, Jeff está sempre pronto a oferecer excelentes conselhos sobre equipamentos e programas de informática e constantemente disposto a me ajudar quando preciso.

Netanya, depois de ouvir mais uma de minhas histórias sobre vendas, sugeriu que eu escrevesse um livro. Em sua opinião, eu era sempre capaz de encontrar uma solução, por mais difícil que fosse o problema. Para ele, esse meu jeito de trabalhar cheio de detalhes criados por mim precisava ser compartilhado com outras pessoas. Netanya, então, deu o nome de Smooth Sale [venda tranqüila] à minha empresa de treinamento.

Escrever o livro é apenas uma parte do processo. Lançar, com brilhantismo profissional, o livro no mercado de uma maneira que ele seja lido é um desafio. Sandra Yancey, CEO da empresa eWomenNetwork, teve a intuição de criar uma nova divisão, a eWomenPublishingNetwork, para auxiliar e promover autoras.

Um agradecimento especial a Jan B. King, Diretora Editorial da eWomenPublishingNework, e a seus associados, profissionais da indústria editorial, que me ajudaram a levar este livro até vocês:

Gloria Balcom, The Next Level Marketing, Los Angeles, CA; Linda Jay Geldens, Copyeditor, Kentfield, CA; e Nancy Cleary, Book Branding, Deadwood, OR; e Randy Peyser, AuthorOneStop, Aromas, CA, que apresentou o manuscrito deste livro à Sourcebooks.

APRESENTAÇÃO

As informações sobre vendas reunidas neste livro são o resultado de onze anos de vendas para empresas. Minha experiência vem de várias áreas da indústria e incluem os setores de copiadoras, sofisticadas impressoras de rede e produtos de software, além de publicidade *on-line*.

Comecei minha carreira em vendas como representante de copiadoras que eram entregues aos clientes para um teste de três meses, e eu deveria percorrer toda a minha área de vendas para conseguir clientes.

Apesar de não ter experiência anterior em vendas e de não saber nada sobre o negócio de equipamentos (copiadoras, trituradores de papel e aparelhos de fax), eu tinha de vender, mas a empresa para a qual trabalhava não oferecia treinamento. Quatro meses depois de ser contratada, cheguei ao primeiro lugar em vendas. Antes do sexto mês, tinha uma rede de relacionamentos formada por bons amigos. Eu era a única mulher na equipe de cinco vendedores da filial, na qual nenhuma outra mulher havia trabalhado antes de mim. Em todo o país, os gerentes eram homens. Era como se eu estivesse presa em uma solitária, pois, além das secretárias, ninguém falava comigo. Era óbvio que eu ultrapassara os limites para uma mulher em um cargo de empresa. A conseqüência disso é que fui largada à minha própria sorte para entender como funcionam as vendas.

Percebi rapidamente que homens e mulheres vendem de maneiras diferentes. Geralmente, a grande diferença é que os homens atacam a jugular do cliente potencial, ao passo que as mulheres atacam o coração. Os vendedores consideram as vendedoras fracas porque elas desejam ser queridas por todos os possíveis clientes, porque querem cuidar de cada uma das contas, ou seja, dos clientes conquistados, e porque avançam com cuidado no ciclo de vendas querendo conhecer a pessoa responsável pelo cargo. As vendedoras transformam pensamentos negativos em estratégias positivas. Elas são queridas pelas pessoas porque prestam atenção aos mínimos detalhes e resolvem na hora o que lhes é pedido, enquanto tratam o negócio como um todo. Mesmo sendo um caminho mais longo, no final as mulheres conseguem vender mais e várias vezes, além de ganhar mais referências e comentários favoráveis que seus colegas do sexo masculino.

Minha singularidade me levou ao topo dessa empresa de vendas. Apesar de toda a resistência em relação a mim por ser mulher, eu ia à luta todos os dias, sorrindo e aprendendo tudo o que podia sobre a minha clientela, construindo relacionamentos. No sexto mês, o gerente cansou de me isolar com o silêncio, pois ele não tinha dúvida de que o meu desempenho era o melhor.

Com o tempo, consegui os títulos de gerente de contas especiais e executiva de contas, dedicados às empresas que compõem a lista da *Fortune 100* e *500*, localizadas na região da Baía de São Francisco, inclusive o Vale do Silício. Entre as cidades estão Pleasanton, San Ramon, Livermore, Foster City, Menlo Park, Sunnyvale, Santa Clara e San Jose. Na realidade, os concorrentes abandonaram a região porque fiquei com as contas mais importantes.

Para uma leitura mais agradável, a maioria das informações deste livro é passada por meio de histórias. Isso serve também para explicar melhor às leitoras como e por que as técnicas de vendas funcionam e são divertidas.

Entre outras coisas veremos como é possível vencer facilmente a resistência de clientes potenciais e como atingir as metas (marcar uma reunião ou fechar, de fato, o negócio). Neste livro são usados exemplos do dia-a-dia do trabalho em campo para demonstrar cada etapa do ciclo de vendas.

À medida que as histórias, estratégias e dicas forem aparecendo, veremos como é possível vender com lucro em qualquer tipo de economia, mesmo naquelas em crise. Minhas primeiras histórias mostram que sem experiência alguma, mas com muita perseverança e com o auxílio da técnica da Vendedora Boazinha, você será bem-sucedida.

Um concorrente me disse que me deram o apelido de "trator", pois eu sempre começava numa ponta da região e percorria cada uma das ruas até a outra ponta, conseguindo clientes durante todo o percurso, ou seja, parecia um trator derrubando tudo. O que os concorrentes não sabiam é que, ao me cumprimentar, muitos dos meus clientes me abraçavam de verdade e pensavam: "Finalmente, um fornecedor que me entende!".

A minha especialidade era recuperar contas "inexpressivas" e transformar clientes zangados em clientes felizes. Eu facilitava muito a negociação ao oferecer-lhes um serviço de primeira.

Quando se está começando em vendas, o que importa são os números – a quantidade de contatos de apresentação, telefonemas e reuniões que é possível conseguir em um dia, uma semana, um mês. Quando se entende como e por que funcionam algumas táticas e estratégias comprovadas, tudo se torna mais fácil e o ciclo de vendas fica bem mais curto.

Este livro não contém fórmulas mágicas. Olhando para trás, vejo que para ser o melhor vendedor é preciso dedicar-se diariamente, tentar compreender o que o cliente potencial deseja e fazer de tudo para atender a essas necessidades. Ao mesmo tempo é preciso conquistar a confiança e o respeito dos possíveis clientes e somar valor ao que você está vendendo para que a concorrência desapareça.

Para vender, é preciso mostrar respeito sempre, utilizando as palavras simples, mas poderosas – por favor e obrigado. Um bilhete escrito à mão é um costume esquecido pela maioria dos profissionais de vendas, mas seu cliente potencial ficará muito grato ao recebê-lo. Enviar uma nota de agradecimento fará com que você ganhe destaque entre a concorrência.

O mais importante é vender com integridade. Em meu último emprego, antes de ter minha empresa, senti que finalmente "tinha conseguido". O salário base era bom e o tipo de serviço que eu vendia era interessante. Os telefones celulares estavam começando a ser conectados à internet. Na época, havia um intervalo de três a cinco segundos até que os celulares enviassem e recebessem mensagens através da internet. O meu trabalho era vender, como programa piloto, a publicidade que aparecia nos celulares durante essa espera.

Vender publicidade em celulares era um conceito novo e muito empolgante. Tanto que as maiores empresas de publicidade do país disputavam para ser as primeiras a testar o novo serviço.

Para meu espanto, só após prometer entregar o serviço a meus clientes é que fiquei sabendo que ele na realidade não existia. Descobri isso depois de todo o árduo trabalho para desenvolver meu próprio material de propaganda, aprender sobre a nova tecnologia e seu jargão, além de encontrar executivos dispostos a estar entre os primeiros a comprar o espaço publicitário com a nova tecnologia.

Durante as reuniões, fizeram-me acreditar que o serviço de publicidade cabia certinho dentro do cronograma previsto. Logo ficou evidente que o responsável pela implementação do serviço estava me evitando. Como ficávamos em salas diferentes, ele simplesmente desaparecia quando me via chegando. Certo dia, mudei meu caminho, chegando pelo outro lado. Coloquei-o contra a parede e ele não conseguiu me olhar nos olhos. Soube, então, que seria muito difícil o serviço que eu estava vendendo sair do papel algum dia. Mais tarde descobri que era considerado uma coisa invisível, ou seja, um produto divulgado e comercializado, porém não produzido.

Quando entendi que estava vendendo algo inexistente, pedi demissão imediatamente, mesmo ganhando muito bem pelo trabalho. Profissionalmente, era uma situação embaraçosa. Queria distância daquela empresa. Quando telefonei para os meus possíveis clientes para contar-lhes que estava deixando a empresa, sugeri que, depois de desligar o telefone, eles parassem para pensar por cinco minutos na possível razão de eu estar deixando um projeto tão interessante. Todos me agradeceram muito pela informação.

Se uma pessoa é antiética, até mesmo as cidades grandes acabam virando cidadezinhas do interior, pois as pessoas acabam comentando. Ou se mantém a integridade em todos os negócios ou então chegará o dia em que você não vai ter para quem ligar.

Resumindo, a criatividade abre as portas e faz você entender qual é seu lugar no ciclo de vendas e lhe mostra o próximo passo a ser dado. Trabalhar com integridade lhe traz a fidelidade de clientes, referências e comentários favoráveis.

Essa fórmula também vai lhe dar índices de fechamento e lucros maiores. Pode, além disso, ajudá-la a se tornar a próxima campeã em vendas.

Quando me dei conta da riqueza de minhas experiências e das histórias engraçadas que tinha para contar, nasceu a minha empresa, Smooth Sale, que cresceu e se tornou uma empresa de treinamento de vendas, com produtos e serviços especificamente elaborados para empresários, comerciantes de internet e vendedores em início de carreira. Meu desejo é auxiliar outras pessoas a evitar as armadilhas enfrentadas por mim e ajudá-las a construir seus negócios com mais rapidez e facilidade.

A FILOSOFIA DA VENDEDORA BOAZINHA

- Vendedoras com pouca experiência podem ser bem sucedidas no trabalho com grandes empresas apenas mostrando respeito e disposição para trabalhar, isso, claro, dependendo dos seus possíveis clientes e da filosofia da empresa. Um bom e simples ponto de partida para se destacar dos concorrentes é saber tocar a venda até o final e se mostrar preparada para dirigir os negócios. A maioria dos vendedores ignora o planejamento para o encontro com o cliente; afinal, planejar dá muito trabalho. Profissionalismo e acompanhamento são a base da confiança; demonstrar confiança e integridade ajuda a construir relacionamentos sólidos.
- Donos de pequenas empresas e vendedores de empresas desconhecidas têm todas as chances para ganhar de seus concorrentes famosos – isso é possível.
- Você pode e deve vender com lucro – não importa se a economia está em crise.
- Construa um relacionamento sólido com o cliente, pensando na venda do ponto de vista dele. Em seguida, demonstre credibilidade e confiança. Depois, agregue valor; ou seja, surpreenda seu

futuro cliente indo além de suas expectativas para que todos saiam ganhando, seu cliente, sua empresa e você. Quer um exemplo de como surpreender o cliente? Use suas informações para ajudá-lo. Um cliente meu vende equipamentos ergonômicos para quem trabalha com computadores. Sugeri um local para ele expor seus produtos e, assim, despertar o interesse das pessoas. Fiz mais, indiquei uma gerente de compras de uma grande empresa quando ela me disse que precisava desse tipo de equipamento. Os dois tiveram suas necessidades atendidas e ambos ficaram muito impressionados com o meu auxílio. Isso é surpreender os clientes.

Nota da autora: as páginas a seguir estão repletas de dicas de vendas e estratégias comprovadas. Use aquelas que têm a ver com sua personalidade e seu estilo.

CAPÍTULO 1

CONCLUIR *VERSUS* FECHAR

Para muitos, fechar a venda pode ser algo traiçoeiro. Pode satisfazer o maior desejo do cliente ou tornar-se o pesadelo dos vendedores. Fechar o negócio é uma preocupação, é um muro que não dá para pular.

Por isso falo do fechamento no início e no fim deste livro, pois é o assunto que não sai da cabeça dos vendedores.

Para mim, não existe mistério quando se fala em fechar uma venda. Contanto que durante a negociação você vá agregando valor à sua venda, será capaz de dar a cartada final e vender seu produto e/ou serviço com a maior naturalidade.

Por que a maioria das pessoas tem medo de fechar uma venda?

A resposta é porque elas têm medo de receber um "não" ou algo parecido: – Saia e nem pense em pisar aqui de novo.

Para não passar por isso, alguns profissionais evitam o fechamento, e assim, deixam de atingir as metas.

Como é possível fechar um negócio sem se tornar "a chata"?

- Primeiro, pare de pensar que propor o fechamento fará de você uma "chata".
- Pelo contrário, satisfaça seu cliente e seja "a vendedora boazinha". No mínimo, seu cliente verá você como uma companheira de equipe.
- Além disso, seu cliente perceberá que você entende do assunto, portanto aguarde mais vendas, referências e belos comentários.

Vamos pensar sobre o ciclo de vendas. Nesse negócio você deve:

- Saber o que o cliente faz.
- Conquistar a confiança dele.
- Agregar valor.
- Compreender os desafios do possível cliente dentro da empresa e suas metas pessoais. Na realidade, com o tempo, os possíveis clientes e os clientes lhe confiarão suas idéias pessoais.
- Bolar um plano maravilhoso para resolver o problema de seu cliente, para fazer a empresa dele crescer.
- Conquistar o cliente para você.
- Conseguir vender de novo, conseguir referências e comentários favoráveis.

Como uma pessoa pode se considerar uma "chata" ou "muito agressiva" se faz tudo isso? Não. Você, de fato, é a "vendedora boazinha".

Bem, agora que você colocou o cliente lá no alto do pódio, encontrou uma solução que o deixou encantado e entende o que é uma "vendedora boazinha", só preciso perguntar:

– Está pronta para começar?

Alguns "reis da venda", "supertreinadores" mandam você decorar 102 maneiras de fechar uma venda. Porém, isso pode levar à falsa idéia de que existe um número determinado de maneiras de chegar ao fechamento.

Eu vejo o mundo de um modo diferente de você. E você vê diferente de outra pessoa. E cada pessoa é influenciada pelo ambiente de trabalho, pela vida particular, pela genética e pela educação. Se você está percebendo a existência de muitas visões de mundo, todas diferentes, então pode jogar suas 102 dicas no lixo. Muitas pessoas acham que vender seguindo todos os passos de um guia transforma o vendedor em um fantoche. De fato, o "manualzinho" parece falso, pois só tem o objetivo de arrancar o dinheiro do cliente e empurrar o nosso produto para ele.

Os clientes precisam de respostas verdadeiras e apropriadas. Cada cliente é único, e todos têm necessidades específicas; suas respostas devem levar isso em consideração.

A simples expressão "fechar a venda" causa arrepio em muita gente que mexe com vendas. Surge, novamente, o medo – medo de ser rejeitado, medo de receber um "não".

Um fechamento deve ser igual a uma conversa com um amigo; quer dizer, como se fosse o fim de uma conversa, uma conclusão. Veja nos dicionários: "concluir" quer dizer o mesmo que "fechar". Trabalhe então com o termo "concluir" em vez de "fechar", se lhe parece mais fácil.

Quando comecei minha carreira em vendas, meus terninhos iam para a lavanderia depois de usá-los apenas uma vez, pois suava em bicas por causa do meu nervosismo. Com o tempo, minha habilidade para vender cresceu e eu fui ficando mais confiante.

Pense no seguinte: você está pronta para concluir uma conversa com seu possível cliente? Então é hora do fechamento. O que significa isso? Que muitas informações foram trocadas. Isso quer dizer que você, como vendedora, está pronta para resolver o problema do cliente, que você tem soluções a oferecer.

Lembra-se da fase de perguntas e respostas do início das conversas? Se você tiver passado por ela e feito tudo direitinho, seu futuro cliente já estará pronto para lhe mostrar "o que" e "como" ele está precisando. Conforme você vai se preparando e aprendendo a conduzir a conversa com seu amigo, ou seja, o cliente, vai ficar fácil você perguntar:

- *Qual pacote você prefere?*
- *Quando começamos?*
- *Só preciso de uma entrada no valor de "tantos" reais.*
- *Por favor, só preciso de sua autorização aqui.*

Prepare-se para encontrar histórias reais de vendas que farão você superar os homens, reagir a objeções, avançar nas vendas e juntar outros valores a sua venda do ponto de vista tanto do possível cliente quanto do cliente do dia-a-dia. Essas histórias vão despertar a vendedora que existe dentro de você. Prepare-se para desenvolver suas habilidades e construir relacionamentos.

Vamos começar dando uma olhada nas etapas do ciclo de vendas. Você verá como é possível brilhar entre os concorrentes e se relacionar durante a venda para aumentar a satisfação nos negócios. Seguiremos em frente até passarmos de novo pelo " fechamento" para que, juntas, cheguemos à conclusão.

Dicas de vendas da Vendedora Boazinha

1. Seja positiva. O cliente perceberá que você quer resolver o problema dele.

2. Integridade, confiança e relacionamentos sólidos. O sucesso em suas vendas depende da construção desses termos.
3. Ponha uma coisa em sua cabeça: o "fechamento" é a "conclusão" de uma conversa. Ou seja, é algo natural.

CAPÍTULO 2

PERSONALIDADE DE VENDEDORA: VOCÊ TEM O QUE É PRECISO?

Convenhamos não é fácil começar uma carreira em vendas ou mesmo iniciar um novo empreendimento. Ser uma vendedora significa enfrentar desafios muito particulares. Como se já não bastasse ter de provar seu valor no dia-a-dia e criar seu próprio trabalho, ainda existem coisas intangíveis que é preciso conhecer. Sabe aquelas coisas que não dá para medir ou mesmo segurar na mão? Exatamente: você terá de lidar com emoções humanas. E, mais, terá de conhecer idéias e palavras que motivarão seus possíveis clientes a se tornarem clientes do dia-a-dia.

Descobrir essas coisas intangíveis está diretamente ligado com sua sensibilidade para compreender o futuro cliente. Veja se aquela testa franzida quer dizer curiosidade, o que foi que você disse ou fez para o estimular, o que aconteceu para ele cruzar os braços. Observe as suas atitudes e as atitudes de seu futuro cliente. O que está acontecendo para que ele fique motivado e prossiga no ciclo de vendas?

Você tem mais a fazer do que atingir suas metas de vendas. Planeje metas pessoais para encontrar o conhecimento que a tornará um sucesso: desenvolva habilidades em vendas, conheça o setor em que você trabalha como a palma de sua mão, como os seus principais concorrentes trabalham, e, claro, como funciona o negócio de seu futuro cliente.

Para atingir essas outras metas você vai precisar de tempo, e talvez tenha a impressão de caminhar para trás, mas é só uma impressão. Esteja preparada para vencer esse obstáculo e em breve o resultado vai aparecer, você verá.

Outro item importante: aceite comentários negativos com um sorrisinho educado, exatamente como uma "vendedora boazinha", mas, depois disso, prossiga procurando agarrar o seu objetivo com unhas e dentes. Você perceberá que os comentários negativos das pessoas acontecem quase sempre por causa da insegurança delas. Elas têm medo de que você seja bem-sucedida onde elas não conseguem. Atitude é tudo. Tenha certeza de que as pessoas negativas que temem o seu sucesso acreditam que você será bem-sucedida. Essa é a razão para você dar aquele sorrisinho educado. Transforme a negatividade dos outros na motivação que a levará ao sucesso.

Na década de 1990, o setor de copiadoras era tão complicado e competitivo que empresas abriam e fechavam todo os dias, novos empregados entravam e os antigos saíam tão rápido que nem dava para contar. As pessoas simplesmente desistiam. Elas não queriam vencer obstáculos nem eram motivadas para atingir o estágio seguinte.

Adoro me lembrar do meu primeiro emprego. Eu tinha uma lista das pessoas que trabalhavam na empresa havia menos de um mês. Incrível, todos eram homens. Esses vendedores iam embora sem ao menos se despedir. Assim que saíam, eu riscava seus nomes e ficava me perguntando: se fossem mulheres, teriam saído tão rápido? Uma mulher desperdiçaria uma oportunidade dessas?

No início éramos cinco vendedores, dois desistiram ao final do primeiro ano. Um deles trabalhava com aquelas calculadoras complicadíssimas, cheias de fórmulas e que, naquele tempo, já estavam deixando de ser fabricadas. O outro adorava fazer amizades com os possíveis clientes, mas morria de medo de duas coisas: ter ambição para resolver o problema do cliente e do "terrível" fechamento. Ficamos apenas nós três.

Um colega, que me ajudou a lembrar alguns dos nomes incluídos em minha lista, estava na matriz no dia em que pedi demissão. Por fax, passei a lista para ele com o meu nome riscado no topo. Fiquei surpresa e envergonhada ao saber que o diretor de vendas estava ao lado do aparelho de fax no exato momento em que a lista foi recebida.

Ele não achou nada engraçada a "Lista de sucessos da empresa", mas o meu colega morreu de rir.

Eu tenho um mantra, ou seja, uma frase que eu repito para mim mesma todos os dias: "Sempre ter sucesso". Falhar acabaria comigo. Em meu dicionário não existe a palavra "derrota", essa não é uma opção para mim. Quando passo por momentos difíceis, procuro me separar da situação, ver tudo de fora. Assim consigo diagnosticar e resolver o problema.

Acreditar em mim, em minhas idéias e habilidades, sempre me ajudou a vencer os momentos difíceis. Quer saber? Preciso agradecer publicamente aos que davam aquele sorriso negativo quando lhes falava sobre meus planos. Agradeço a eles e também aos que me disseram:

– Há muita gente vendendo treinamento de vendas, livros e CDs.

E agradeço também aos que disseram:

– Ganhar dinheiro com a internet? Você está louca? Não perca seu tempo.

Por que agradecer a essas pessoas? A resposta: adoro um bom desafio. Criar novos jeitos de fazer as coisas para atingir metas faz parte do desafio, e eu adoro isso. E, aqui entre nós, adoro provar que estou certa!

Minha história

Passei quinze anos em casa cuidando de meus dois filhos. Nos últimos oito anos, eu trabalhava em casa enquanto as crianças estavam na escola.

O que eu ganhava ajudava no orçamento doméstico, mas era muito pouco. Pagava-se muito pouco por hora de trabalho.

Meu marido e eu sabíamos que um dia eu teria de trabalhar o dia inteiro, mas, depois de ter ficado em casa durante quinze anos, nós duvidávamos de que eu conseguisse um emprego decente. Certa noite, meu marido chegou em casa e disse:

– Já sei. Você tem personalidade de vendedora!

Não entendi direito o que ele quis dizer e perguntei baixinho:

– Isso é um elogio ou uma ofensa?

Minha imagem de vendedor era que estava sempre com barba malfeita, vestindo um paletó xadrez, mascando chiclete e dirigindo um carro velho. Naquela época, a palavra "vendedor" não era bem-vista.

Hoje, percebo que meu marido estava certo. Eu sou uma vendedora, mas também mudei o meu conceito de vendedor.

Quero entender as pessoas e uso a minha intuição para isso, faz parte da minha profissão. Sei que meus clientes também têm metas. Eles sabem que estou sempre disposta a lhes dar atenção para ajudá-los a resolver seus problemas. Nós, mulheres, em geral adoramos ser bem-vistas, e por isso fazemos o possível para satisfazer a todos. Fazemos de tudo pela felicidade do cliente, inclusive ficar de olho nos detalhes. Mesmo que nos dê mais trabalho, sabemos que essa atitude resultará em muitas vendas, referências e comentários favoráveis. Os vendedores não entendem isso. Eles querem é bater o recorde. Mas o cliente não é bobo. Quando percebe esse jogo, debanda para o concorrente. É por isso que os vendedores pulam de uma empresa para outra e dificilmente chegam ao sucesso.

Preocupe-se com o problema dos outros, e eles serão fiéis a você. Pergunte-se:

- Gosto de desafios?
- Estar certa é uma determinação minha?
- Busco soluções criativas para os desafios?
- Sou persistente?
- Não estou nem aí quando os outros me dizem "Não" ou "Você não pode fazer isso"?
- Luto por mim mesma?
- Adoro competir?
- Gosto de resolver problemas e dar uma força para os outros?
- Prefiro quando todos ganham?
- Gosto de ser conhecida por conseguir resultados?

Essa é a vendedora de sucesso.

CAPÍTULO 3

SEGUIR EM FRENTE APESAR DOS OBSTÁCULOS

Meu primeiro emprego em vendas

Depois que me vi como vendedora, tudo ficou mais fácil. A única coisa que eu precisava fazer era conseguir um emprego na área de vendas. Os colegas de meu marido disseram o seguinte: "Venda bem durante um ano. Depois disso, todos vão querer você".

Ingênua, comprei um terninho e me apresentei para a primeira entrevista em uma empresa de copiadoras. Quem pensaria em não me contratar? Eu era inteligente, estava bem-vestida e ansiosa para aprender e vender.

Na primeira empresa, tudo correu bem nas entrevistas. O gerente gostou de mim e disse que para o próximo passo eu precisava apenas ser agradável com o diretor, Paulo, durante a reunião que teria com ele.

Já vendo a oferta que me aguardava, entrei no escritório de Paulo confiante e com um belo sorriso. Enquanto lia meu currículo, para meu total espanto, ele disse:

– Que curriculuzinho de m...!

Nunca passou pela minha cabeça que alguém pudesse dizer uma coisa dessas durante uma entrevista. Mas depois entendi: era um teste, ele queria ver se eu saberia lidar com um cliente transtornado. Adorei a técnica! Então, respondi:

– Pode parecer, mas, olhando melhor, dá para ver que fiz tais e tais coisas e olhe os resultados...

Paulo, que tinha mais de 1,80 metro, levantou-se e gritou:

– Isso é uma brincadeira? O seu currículo é uma m... Suma da minha frente!

Estão rindo ainda?

O que esse diretor não percebia é que suas palavras vulgares e sua expressão corporal estavam contribuindo para o que eu chamo de seu "DNA".

A polícia usa amostras de DNA para conhecer suas vítimas. O vocabulário e a linguagem corporal são exclusivas delas. Quanto mais o conhecem, mais sabem o que você vai falar e como você se expressará através de seu corpo. Esses são indicadores de personalidade, ou, de acordo com a minha definição, um DNA auxiliar.

Vendedora, preste atenção no que o cliente está dizendo e nas expressões do corpo dele. (Isso ficará mais claro no decorrer do livro.)

Bem, voltando ao Paulo, eu me levantei na hora, balancei a cabeça e, na saída, murmurei entre dentes: "Um dia, você verá!".

Lá estava o desafio!

Dicas de vendas da Vendedora Boazinha

1. Se você pensa que é capaz, provavelmente você é capaz!
2. Evite as pessoas que dizem que você não é capaz.
3. Aceite novas idéias.

Outra entrevista

Depois de horas ao telefone, ligando para empresas de copiadoras, e percebendo que nenhuma queria uma vendedora, descobri um diretor, Jonas, que finalmente concordou em me entrevistar.

Precisei ser entrevistada seis vezes para ser considerada apta a vender, de porta em porta, uma marca de copiadoras que ninguém conhecia. Ao fim das baterias de entrevistas, Jonas me disse:

– Acho que todo mundo gosta de você.

(Ele não esperava por isso.)

– Pena eu não conhecer ninguém que a conheça. Se alguém me desse uma referência sua, eu a contrataria.

Sem perceber, dei a ele uma resposta apropriada para um ambiente de vendas.

Você verá que nessa resposta mostrei que havia entendido a condição para que Jonas me contratasse, fiz questão de repetir a condição para que tudo ficasse bem claro, e depois dei "o bote": fiz a ele uma pergunta para levá-lo a comprometer-se comigo – quer dizer, deixamos claro o que ele estava me dizendo e fiz com que ele se comprometesse com a sua declaração. Eis minha resposta:

– Quer dizer que se eu, por acaso, encontrar alguém que você conheça e essa pessoa lhe der boas referências sobre a minha capacidade, você me dará o emprego?

Detalhe: a minha resposta tinha um tom de quem não acredita no que acabara de ouvir!

Sua resposta foi um sonoro *"É"*, afinal ele pensava que eu *nunca* encontraria uma pessoa que nós dois conhecêssemos, pois vivíamos em mundos bem diferentes. Antes de ser diretor, ele tinha sido um atleta famoso e ainda freqüentava o ambiente esportivo; eu, pelo contrário, vivia num bairro afastado da cidade com a minha família.

Alguns amigos achavam minhas entrevistas muito divertidas e engraçadas. Não conheciam nenhuma outra pessoa que pudesse agüentar todo aquele absurdo. E agora eu tinha mais uma nova história para diverti-los.

Mas, desta vez, houve uma incrível coincidência. Eu soube que quando Jonas deixou os esportes, antes de entrar para o mundo dos negócios de equipamentos ele tentou trabalhar como corretor na bolsa de valores. Seu chefe, na época, era justamente o pai de um amigo meu, que adorava minhas histórias.

Coloquei o diretor de vendas contra a parede!

Na manhã seguinte, cheia de entusiasmo e confiança, liguei para Jonas:

– Você se lembra de ter dito que se eu encontrasse alguém que você conhece e em quem confia você me daria o emprego?

– Lembro-me – disse inseguro.

– Bom, você se lembra do senhor Frederico Mendes? Meu marido e eu somos grandes amigos do filho dele.

Respirei fundo e ataquei:

– Segunda-feira, às 8 horas, está bom pra você?

Nunca tenha medo de concluir um negócio!

– Tudo bem, ele disse. Pude ouvir o suspiro do outro lado da linha.

Fiquei radiante. Consegui o emprego e venci Jonas em seu próprio jogo.

Surgiu então o obstáculo seguinte – e o mais difícil: trabalhar com o gerente de vendas.

Mauro

Mauro ficou uma fera por eu ter sido contratada. Nunca havia trabalhado com uma mulher antes e disse aos outros quatro vendedores para não falarem comigo, pois assim "talvez eu fosse embora".

Por falar em desafios, como já mencionei, eu não trabalhava fora havia mais de quinze anos. Não sabia nada sobre os modernos equipamentos de escritório nem imaginava que as copiadoras podiam fazer cópias frente e verso automaticamente. E vendas, então? Não sabia nada sobre o assunto e não tinha ninguém para me treinar. Além do que, ninguém falava comigo. Parecia que eu estava presa na solitária.

Eu sempre ouvia: "Por que você não pediu demissão?".

Se fosse para outro lugar, com certeza teria de começar tudo de novo. Ficando ali naquele inferno e vencendo os obstáculos, pelo menos estaria caminhando em direção à minha meta: vender copiadoras por um ano e depois fazer alguma outra coisa.

"Nunca desista de alcançar as metas que você estabeleceu." – Elinor Stutz

Eu estava preparada, mas todos esperavam que eu desistisse.

Tive uma ajuda, Lisa, a secretária principal. No terceiro dia, sussurrei para ela:

– Como se vende aqui?

Só as secretárias falavam comigo. Lisa respondeu:

– Acho que você deve bater em todas as portas da sua área de vendas.

Uau! Descobri o segredo! Já sabia tudo o que eu precisava. Seria a melhor!

Enquanto todos no escritório esperavam a minha queda, eu planejava vencer.

Foi um grande conselho. Estava ansiosa para começar.

Minha área de atuação abrangia três cidades. Bati à porta de cada uma das empresas. Dei um nome para isso: "minha pesquisa de marketing". Aprendi que lojas de bebidas e cafés quase não usam copiadoras. Também descobri que pequenas empresas não tinham, e ainda não têm, muito dinheiro para gastar com outra coisa que não seja o essencial, ou seja, não podemos aumentar o valor da nossa venda.

Percebi que precisava pensar nas empresas médias e grandes. Quando estivesse dentro das grandes, o negócio aumentaria e eu venderia várias vezes.

Eu sabia que vender várias vezes, receber referências e bons comentários eram – e ainda são – a chave para o sucesso em vendas.

Quando, porém, voltava ao escritório, eu era recebida com um silêncio mortal. Os homens contavam piadas entre si, trocavam tapinhas nas costas e se divertiam muito conversando e se gabando do que tinham conseguido em campo durante o dia. Olhavam para mim e se perguntavam: por que ela ainda está aqui?

Para mim, o fato de Mauro não me dirigir a palavra era ao mesmo tempo bom e ruim. Certa vez ele contou vantagem:

– O meu treinamento foi vender aspirador de pó de casa em casa. Eu espalhava sujeira no chão pela fresta da porta. Depois, oferecia à boba da dona de casa para limpar tudo com o aspirador.

Ao ouvir isso, fiquei arrepiada. Odiei chamarem a dona de casa de "boba". Com certeza não queria que Mauro fosse meu professor. Queria ser uma vendedora *profissional* em todos os sentidos, ou seja, ajudar os meus clientes de tal forma que me procurassem para pedir conselhos e fazer mais negócios.

Foi ótimo conhecer a história do gerente, isso me deu muita força de vontade para ficar longe dele e chegar ao sucesso sozinha!

Para ignorar aquele alegre ambiente de camaradagem dos homens, eu caminhava direto para a minha mesa e para o meu telefone. Fazia pelo menos vinte novos telefonemas todas as tardes, e todas as manhãs pelo menos vinte telefonemas de acompanhamento (isso aconteceu antes da internet e do e-mail).

Por volta das 9h30, saía para realizar algumas visitas a fim de me apresentar aos meus possíveis clientes, costumava fazer mais ou menos uns cinqüenta contatos. Às 15 horas, para evitar o trânsito, voltava para o escritório. Achava melhor fazer mais alguns telefonemas do que perder meu tempo em engarrafamentos.

- Usava o tempo com eficiência.
- Planejava o meu dia para conseguir produzir o máximo.
- Nunca tirava da cabeça as minhas metas.

"Planeje o seu trabalho e trabalhe de acordo com o planejado!" Essa é uma frase comum em vendas e um ótimo conselho.

Depois de algumas semanas, ganhei a simpatia de um vendedor mais jovem. Ele se abriu comigo e disse que não concordava com o estilo de trabalho dos outros. Ainda hoje mantemos contato e de vez em quando conversamos sobre as histórias daquele primeiro ano. Em pelo menos uma ocasião choramos juntos de pura frustração!

Aos poucos, os outros seguiram o exemplo dele e começaram a falar comigo. Montamos uma verdadeira equipe de vendas. Em algumas ocasiões, até nos divertimos juntos.

Contudo, havia Mauro. Só nos comunicávamos uma vez por semana, por intermédio de um bilhete em que ele me dizia que eu estava pronta para ser despedida. Eu nem ligava, sentia terror e vergonha de seus atos. Estava muito indignada e isso alimentava meu desejo de provar que ele estava errado.

Contudo, no 58º dia, o recado dele dizia o seguinte:

–Você ainda não vendeu nada. Não tem sequer um cliente. Você tem dois dias para vender alguma coisa, senão será despedida.

Um recado direto. Eu estava perto de uma venda, então fui até a sala de Jonas, meu diretor, com a raiva acumulada de dois meses:

– Que recado é este? O nosso acordo foi de noventa dias e tomara que seja cumprido. Se até lá eu não vender nada, não vou lhe dar o prazer de me despedir. Eu mesma saio!

A raiva ganhou de mim naquele dia. Bati a porta dele com tanta força que não sei como a parede não caiu. Acho que, em segredo, Jonas ficou admirado com a minha coragem, mas eu fiquei morrendo de vergonha.

Eu sabia, porém, que uma venda estava a caminho. No 89º dia vendi uma pequena calculadora. Ufa! Consegui manter meu maravilhoso emprego. Aquela venda me motivou a dar mais telefonemas e a fazer mais contatos.

Você deve estar pensando: como esse pesadelo virou um trabalho maravilhoso? Percebi, através daquela primeira venda, que eu estava diante de uma coisa boa. Apesar de estar abordando os meus possíveis clientes de maneira diferente de todos os outros vendedores, eu tinha a certeza de que seria recompensada e que isso estava prestes a acontecer. Precisava apenas de mais prática e regularidade.

O doce sabor do sucesso me motivava a seguir em frente. Fazia muitos telefonemas e visitas a meus possíveis clientes todos os dias. Todas as noites, escrevia bilhetes de agradecimento às pessoas que me ajudavam.

No quarto mês, a surpresa. Tive o melhor desempenho do escritório. Mauro ficou furioso com os homens. Perguntou a cada um deles:

– Como é que vocês deixam uma mulher ganhar de vocês?

Na metade do quinto mês, Mauro percebeu que eu teria o melhor desempenho de novo, então convocou todos para uma reunião e anunciou uma disputa para o fim do mês – e isso foi o que ele disse, palavra por palavra (nunca me esquecerei):

– Se Elinor ganhar novamente, eu pago um desfile de lingerie para todos vocês.

A raiva já estava fazendo parte do meu dia-a-dia naquele escritório. Perguntei imediatamente:

– Já que estamos falando das minhas tarefas, por que não vamos almoçar, fazer um piquenique ou até mesmo ver um jogo?

– Não – ele respondeu. – Prometi um desfile de lingerie e é isso o que vai ser.

O ambiente ficou tenso. Nas duas semanas seguintes, ninguém falava quase nada. O que eu ia fazer com aquela recompensa?

O que me vinha à cabeça quando imaginava o local para o evento era o termo "nojento". O desfile ia ser em um restaurante "meia boca" ao lado de um motel perto da estrada, na periferia da cidade.

O pior, as modelos eram mãe e filha, e depois do desfile iria acontecer uma sessão particular para mostrar as peças para aqueles que quisessem, digamos, "comprá-las".

As secretárias do escritório estavam nervosas imaginando o que eu faria se tivesse o melhor desempenho novamente, mas tinham medo de perguntar. Chegou o fim do mês e eu ultrapassei meus próprios números. De novo, tive o melhor desempenho.

No dia seguinte, Mauro anunciou:

– É isso aí, Elinor ganhou. Quem vai ao desfile?

Foi a gota d'água!

Lá estava eu, furiosa, em pé, diante de Mauro. Batendo o punho em sua mesa, disse quase gritando:

– Eu vou!

– Você não pode ir – respondeu ele.

– Vocês estão indo lá por minha causa – gritei.

– Não estou nem aí. Você não vai – ele replicou.

– Pois preste bastante atenção – falei completamente pálida. – Se quiser, pode sonhar que eu não vou, mas tenha a certeza de que eu estarei lá.

Batendo os pés fui até a minha mesa para pegar meu material de trabalho, olhei furiosa para Mauro uma última vez e saí para trabalhar.

Não podia telefonar para meus clientes. Aliás, nunca faça telefonemas quando estiver triste ou irritada.

Lembro-me de que enquanto eu falava, o rosto de Mauro foi ficando roxo. Ali estava um homem que se sentia ameaçado. Mas, mesmo depois do ultimato, eu ainda não sabia o que ia fazer.

Não pude controlar meu carro. Ele sabia onde ir. Na hora do almoço, não sei como fui parar no local onde seria o tal "desfile de lingerie". Rangendo os dentes, entrei. Encontrei o grupo e, para a surpresa de todos, sentei-me.

Serviram o almoço e o desfile começou. Naquela época, eu era bem tímida e nunca falava muito quando estava em um grupo. Mas não naquele dia! De propósito, falei sem parar.

À medida que as modelos se aproximavam, eu chamava a atenção dos chefes que estavam a minha volta para fazer perguntas sobre o funcionamento das copiadoras. Pedia informações de trânsito para chegar em outros clientes, fiz de tudo para tirar a atenção deles das modelos e manter os meus colegas nervosos.

Um vendedor, ao meu lado, me perguntou com a maior cara-de-pau:

– Aposto que você não usa nada disso quando vai para a cama dormir. No máximo um pijaminha, não é?

Nem esperei pela segunda risadinha:

– Você bem que merece uma resposta, mas antes me diga uma coisa, e você? Usa as partes de cima ou de baixo quando vai para a cama?

Nem precisei responder à pergunta dele.

Bom, ninguém aproveitou o desfile. Por isso, Mauro perguntou tentando tirar sarro:

– E aí, Elinor, você gosta de um joguinho?

– Gosto. – E acrescentei: – E ganho sempre.

Quando voltei ao escritório, depois de fazer um pouco de hora para esfriar a cabeça, a fofoca corria solta. As secretárias cumprimentaram-me como vencedora. Para elas, eu era uma heroína. Foi a glória, depois de tudo o que eu havia passado.

No mês seguinte, o vendedor que tinha perguntado sobre a minha roupa de dormir fez outra pergunta:

– Você conhece o equipamento menos que a gente e não tem experiência. Como é que consegue vender mais que todo mundo aqui?

Só faltou dizer que eu estava subornando os clientes. Respondi simplesmente:

– Faço uma coisa que nenhum de vocês faz. Eu sou agradável com os meus clientes, de verdade.

Parecia um comentário maldoso, mas era a verdade. Eu sentia arrepios quando meus colegas falavam, cheios de orgulho, das técnicas usadas para arrancar o dinheiro dos clientes.

O cliente não é bobo. Ele sente o cheiro do vendedor que só está preocupado com a própria comissão. Ele sabe diferenciar esse vendedor daquele que quer, sinceramente, encontrar uma solução em que todos ganhem.

Coloque-se sempre de maneira a dar mais valor ao produto que está vendendo e conseguirá mais negócios.

Lá pelo sexto mês, todo mundo já falava comigo. Para Jonas, meu chefe, eu já era o exemplo perfeito de como vender. Ele dizia a todos:

– Um profissional que se diz experiente precisa fazer sempre a coisa básica para chegar ao sucesso: fazer telefonemas para possíveis clientes e fazer acompanhamento, do mesmo jeito que a Elinor faz.

Meu relacionamento com Mauro, contudo, ainda tinha altos e baixos.

Há outra história muito boa sobre tentar conseguir novos clientes.

Toda segunda-feira havia reunião no péssimo horário das 7h30 da manhã. Naquela segunda-feira, ficou decidido que para ganhar mais clientes precisávamos escrever cartas a todos de nossa área.

Até eu, que tinha pouca experiência, já percebia que ninguém ia ler uma carta de três páginas falando de copiadoras. Você ia?

Se você se coloca no lugar do cliente e pergunta a si mesma: "Se eu fosse um possível cliente, eu gostaria de ouvir ou receber **isto**?", você saberá se está no caminho certo.

Mas os homens decidiram enviar a tal carta de três páginas aos nossos possíveis clientes, descrevendo nos mínimos detalhes todos os maravilhosos recursos da copiadora e a experiência do fabricante.

Tentei de tudo para colocar na cabeça daquele pessoal que ninguém ia ler aquela bendita carta. Mauro, a pedidos, fez uma votação:

– E aí, pessoal, qual é o voto de vocês? Quem concorda comigo?

Perdi. Naquela noite deveríamos endereçar as cartas em casa e levar tudo pronto no dia seguinte.

Quando eu orgulhosamente entreguei os meus envelopes fechadinhos ao Mauro, ele ficou muito bravo e gritou comigo:

– Não. Os envelopes tinham que estar vazios! Era para colocar as cartas hoje de manhã, todo mundo junto.

Dissimuladamente, respondi:

– Ah, mas você sempre diz para trabalharmos com a papelada à noite e usarmos o dia para ligar para os possíveis clientes. Por isso eu fechei os envelopes ontem à noite.

Mauro ficou transtornado com a minha resposta. Você viu que excelente técnica de vendas? Usei as palavras dele. Foi sem querer, mas ele não pôde negar.

Ao trabalhar com seu futuro cliente e com seus chefes, anote o que dizem de importante. Isso pode ser imprescindível para você no caso de alguma controvérsia.

Saí do escritório para a minha área de visitas em busca de clientes, enquanto os homens ficaram lá, tentando lacrar os envelopes para que fossem para o correio naquele dia. Ao final do dia, 100 cartas para cada vendedor foram despachadas. Então esperamos.

Aos poucos o telefone começou a tocar, mas só para mim! Que coisa! Em duas semanas, os quatro homens não tinham recebido nenhuma ligação, coitados, e eu, misteriosamente, havia recebido seis.

Finalmente, Mauro olhou para mim e disse:

Vamos conversar. O que você fez?

Lembrei-o que ninguém tinha me ouvido quando disse que os possíveis clientes não leriam uma carta enorme como aquela.

Eu tinha certeza disso. Fiz, então, o seguinte: fui à papelaria e comprei uma caixa de cartões. O cartão tinha a foto de um guarda-sol e duas cadeiras de praia na areia de frente para o mar. No cartão escrevi:

"Aproveite o verão tranqüilamente. Cuidarei de seu equipamento enquanto você relaxa. Trabalho na empresa XYZ e espero sua ligação para agendarmos uma visita".

A minha carta foi diferente, divertida e mostrava que eu realmente estava pensando no cliente. Resultado: seis telefonemas. A partir daí, toda a correspondência que eu enviava era diferente, e sempre fazia com que eu chegasse ao novo cliente. Portanto:

- Faça uma adaptação das técnicas de vendas ao seu estilo.
- Seja autêntica consigo mesma e com os clientes e futuros clientes.

- Não use conselhos que não funcionam para você.
- Comece sempre pelo ponto de vista do cliente.

Dicas de vendas da Vendedora Boazinha

1. Acredite sempre em seu potencial.
2. Lute para o seu benefício.
3. Não deixe que os outros a influenciem a desistir.
4. Faça o seu plano.
5. Trabalhe sempre de acordo com seu plano.
6. Faça o básico todos os dias – telefonemas e acompanhamento.
7. Não decore roteiros.
8. Ouça com atenção todas as pessoas.
9. Venda em tempo real.
10. Aceite desafios.
11. Melhore os métodos até chegar à perfeição.
12. Lute para ganhar e comemore a vitória.
13. Busque maneiras alternativas de comunicar sua opinião.
14. Não deixe de fazer perguntas para aprender.
15. Seja persistente.
16. Venda aos outros da mesma maneira que você gostaria que vendessem a você.
17. Posicione-se no mercado de maneira diferente de todos os outros.
18. Enfrente os obstáculos vencendo-os um a um.

COMO GANHAR DO FORNECEDOR MAIS CONHECIDO APESAR DE AINDA SER NOVATA *E* DE VENDER UMA MARCA DESCONHECIDA

Durante o primeiro ano me esforçando para aprender a vender para grandes empresas em minha área de abrangência, cruzei o caminho de uma empresa bastante conhecida que estava iniciando o processo de fabricação de telefones celulares.

Os celulares ainda não existiam e eu não tinha a menor idéia do que as pessoas daquela empresa estavam falando. Mas era evidente que estavam sendo pressionadas para que a tecnologia fosse implementada e funcionasse.

Continuei minhas visitas à fábrica e fazia reunião com o pessoal do baixo escalão da empresa. Eles me tratavam com cordialidade e começamos a fazer amizade. Gradualmente, fui apresentada às outras pessoas do departamento.

Fui me sentindo mais confortável para fazer perguntas sobre o negócio e de fato compreender a situação; tudo isso antes da chegada da internet. Começamos também a conversar sobre nossas famílias, nossos sonhos e desejos.

Por volta da quarta reunião, disseram-me que a empresa estava sendo transferida para um local maior e mais moderno. Essa era a oportunidade de que eu precisava para conhecer os planos de compras de novos equipamentos. Reuni coragem para perguntar o que eles fariam a respeito dos equipamentos no escritório. Como ganhei a confiança deles, me revelaram que não estavam nada satisfeitos com o atual e bem conhecido distribuidor.

Perguntei quem era responsável pelas compras dos equipamentos e fui apresentada a Luci, um amor de pessoa. Apesar disso, estava exausta e não queria gastar seu tempo falando sobre copiadoras, ainda mais as de uma marca que ninguém conhecia. Não dava para imaginar que a empresa fosse trocar um revendedor superconhecido por um desconhecido. Mesmo assim, por ser uma pessoa muito delicada, ela me levou à sua sala para um papo.

Ela também me achou muito simpática. Percebi que poderíamos conversar mais à vontade fora da fábrica e então convidei Luci e as pessoas que tinham nos apresentado para um almoço.

Falamos sobre tudo durante o almoço: família, fins de semana e, aos poucos, sobre os prós e contras do trabalho. O ciclo de vendas começou a avançar durante esse almoço. Aos poucos, fiquei sabendo até das fofocas do escritório.

Fui promovida ao nível de "amiga em quem se pode confiar".

E para mim ficou claro que:

- estavam insatisfeitos com as máquinas que não funcionavam;
- o representante da empresa distribuidora sumia quando acontecia algum problema; e
- o distribuidor só queria vender equipamentos novos e receber o dinheiro extra da comissão.

Muitos encontros aconteceram e fui conhecendo pessoalmente cada um dos envolvidos. Depois de cada reunião, mandava uma nota de agradecimento pelo tempo que cada uma das pessoas tinha me oferecido. Às vezes, mandava um cartão-postal inteligente para tornar a mensagem mais interessante.

Essa empresa estava entre as que haviam recebido e adorado o cartão-postal com a foto da praia. Disseram-me que tinha sido o cartão de que eles mais gostaram.

Quando receberam o cartão que dizia *"Às vezes, pode acontecer um problema com alguma copiadora, mas lembre-se: como sua representante, estarei sempre aí para cuidar de tudo"*, acharam a mensagem comovente. Era um valor a mais, e muito importante para eles, principalmente por causa da falta de atenção do atual distribuidor.

Nesse entremeio, fiquei sabendo que Luci adorava esportes. Para alegria dela, levei o meu diretor (Jonas, o ex-atleta) para conhecê-la, e ela ficou muito feliz com a minha atenção. Sem saber o que decidir sobre os equipamentos, Luci disse que eu precisava falar com o chefe dela, pois era ele quem assinava os contratos.

Luci estava tentando empurrar a decisão da compra para o chefe (apesar de ela preferir que eu fosse sua nova fornecedora, não queria ser a responsável por essa decisão). Havia sempre a possibilidade de algo sair errado e o fato de me escolher poderia atrapalhar a sua carreira.

Por ser novata, não percebi que Luci tinha quase certeza de que eu não conseguiria marcar uma reunião com o seu gerente, Carlos, que era responsável, entre outras coisas, pelo dinheiro da empresa.

Tive a certeza de que Carlos *não* queria conversar comigo, e me disse:

– Mas está tudo bem com nosso fornecedor.

Não me dei por vencida:

– Mesmo com as máquinas que quebram e a falta de atendimento do distribuidor?

Nada como saber dos fatos. Isso é a melhor munição.

Então, ele disse:

– Estou muito ocupado.

Fiz a minha pergunta favorita:

– Você pára para almoçar?

Carlos riu e demonstrou sua desaprovação:

– É lógico que sim.

Minha resposta foi:

– Então, se você quiser, trago seu almoço e você pode comer na sua sala, enquanto eu uso trinta minutos de seu tempo para falarmos sobre a mudança do equipamento de seu escritório para algo que realmente funcione.

Era uma oferta que ele não podia recusar.

Tempo era uma coisa importante, mas não era a única questão. Carlos estava cansado de ouvir todas aquelas reclamações com relação ao equipamento e à falta de atendimento do distribuidor. Por outro lado, não estava disposto a conversar sobre esse assunto comigo.

Carlos só havia manifestado objeção com relação ao tempo. Almoçar fora levaria no mínimo uma hora. (Conversas sobre negócios duram entre trinta minutos e uma hora.)

Como você viu, eu pedi apenas trinta minutos e com certeza ele economizou uma hora inteira. Além disso, almoçou de graça.

Coloquei Carlos contra a parede. Respondi a cada uma de suas objeções com um sorriso e o conhecimento que adquiri ao longo de minhas conversas. Entre os funcionários corria o boato de que o atual representante tinha, sem querer, causado a formação de dois grupos: eles discutiam se deveriam contratar um novo distribuidor ou continuar com ele e seus famosos produtos. Fiquei espantada com a atitude do distribuidor. Isso com certeza não o ajudaria. O escritório de meu possível cliente estava inquieto e Carlos precisava, em nome da empresa, ouvir o que eu tinha a dizer. Não teve outra saída a não ser concordar.

Como combinado, nós nos encontramos e eu levei os prometidos e maravilhosos sanduíches preparados por mim para a reunião. Recebi por isso a aprovação sincera de Carlos.

Proporcionei a ele economia de tempo e dinheiro – ingredientes-chave para que uma venda seja feita.

Ou, neste caso, para seguir em frente com a venda.

Carlos, porém, pediu para eu conversar novamente com Luci, com estas palavras finais:

– O equipamento é do departamento de Luci, então, ela é que deve tomar a decisão.

Lá fui eu, sentindo-me um ioiô, conversar com Luci. Eu sabia que a decisão de escolher a minha empresa estava novamente nas mãos dela. Dessa vez, recebi a seguinte resposta:

– Gostaria que você e seu marido fossem à minha casa no sábado à tarde para conhecerem meu marido.

Era um convite complicado para nós, pois a viagem era longa – 72 quilômetros somente de ida, por uma estrada sinuosa. Mas, para não perder a oportunidade, concordei.

Muita coisa estava em jogo nessa venda. Até o momento, aquele era o maior cliente conseguido por nossa equipe de vendas. O meu concorrente era o maior e mais conhecido distribuidor, e eu tentava vender o mais novo, mais moderno e mais rápido equipamento já lançado.

O sucesso significava não só ultrapassar minha cota, mas também um bônus trimestral e um divino bônus extra. Poderia ter o melhor desempenho entre os vendedores de muitas filiais.

Não tenho certeza se os vendedores do escritório ficavam a meu favor ou contra mim quando o gerente insistia em perguntar: "Como é que vocês deixam uma mulher ganhar de vocês?". Vez ou outra, gerentes regionais apareciam no escritório, falavam com alguns homens, mas era como se eu não estivesse lá. Por causa dessa reação da gerência, duvido que houvesse alguma mulher nas equipes de vendas das outras empresas. Essa minha suspeita tornava essa venda ainda mais importante para mim. Quando a conseguisse, eu me tornaria uma força que a gerência não poderia mais ignorar.

Luci ainda estava com o pé atrás para decidir pela troca de uma empresa conhecida pela nossa. Parecia que seu emprego estava em jogo. Um movimento em falso e seria demitida. Estava claro que seu marido, mais experiente nos negócios, foi em seu socorro para saber se podia confiar em mim. Luci quase me disse isso.

Estava chegando ao nível da *confiança*. Seríamos, meu marido e eu, cidadãos corretos e dignos de confiança? Luci poderia confiar que eu tomaria conta de sua empresa caso aparecessem problemas com os equipamentos? A visita seria para fazer uma avaliação sobre mim e meu marido, para saber se éramos dignos dessa decisão monumental (sabia que meu marido seria mais um testemunho de meu "caráter" e confiabilidade).

Quando deparo com um cliente cujo comportamento me parece estranho – algo como ter o meu marido como testemunha de defesa –, tento entender o motivo dessa atitude. Eu sabia, Luci estava sofrendo forte pressão da ala masculina da gerência. Na época, todo mundo estava acostumado a comprar de homens. Eu era um absurdo e Luci estava com medo de tomar uma decisão a meu favor. Por isso pediu ajuda ao marido. E, para piorar, nós duas éramos praticamente iniciantes nos negócios. Para mim, Luci imaginou que nossos maridos teriam uma conversa sincera e, nesse papo, seu marido com certeza teria uma ou outra informação de meu marido com relação a minha competência ou incompetência. Assim, deixamos de ser importantes. Seriam, então, os dois homens vendendo e tomando a decisão.

Às vezes, é necessário fechar a boca e jogar de acordo com as regras do cliente para poder ganhar. Eu não estava nada feliz em ter de me curvar para nossos maridos depois de tantas horas de trabalho duro para conquistar aquele cliente. Porém, tinha, e ainda tenho, muito orgulho de meu marido, que está sempre ao meu lado e quase podia festejar a vitória.

Luci não sabia que eu tinha um prazo-limite para fechar o contrato e, então, ganhar o grande bônus. Precisava ser até as 17 horas daquele sábado. Nosso encontro na casa dela estava marcado para as 15 horas. Eu tinha a chave do escritório onde trabalhava para passar os documentos por fax para o escritório regional antes do término do prazo caso o contrato fosse autorizado.

Um detalhe: eu nunca mencionei bônus e prazos para um cliente ou possível cliente, pois se estivesse no lugar deles, encararia esse "argumento" como uma ofensa. Esse é apenas mais um exemplo de como eu era diferente dos homens.

Luci tinha uma via do contrato que deveríamos assinar (isso era uma exceção à regra), e eu não tinha a mínima idéia de como poderia cumprir o prazo, já que a reunião era na casa dela, bem distante de nosso escritório.

Insegura e inexperiente sobre as "regras" para dar andamento à venda, continuei conduzindo a situação o mais elegantemente possível. Em agradecimento por termos sido convidados à casa deles, levei um pão de banana feito em casa.

Como eu conhecia muito pouco sobre vendas e sobre o equipamento, o mínimo que podia fazer era ser extremamente gentil com os clientes. Fazia de tudo para tratá-los como se fossem convidados em minha casa.

Clientes e possíveis clientes devem ser sempre tratados com o máximo interesse e respeito.

Luci e o marido ficaram muito contentes por eu ter levado o pão. Sentamos e conversamos sobre passatempos, viagens e outros interesses. Nem por um momento falei do equipamento que eu queria desesperadamente vender.

O pão de banana nos levou à vitória. Luci e o marido ficaram encantados por eu ter me dado ao trabalho de levar um presente, além de ter perdido uma tarde de sábado com eles. Meu marido e eu fomos aprovados no teste com louvor!

Para minha surpresa e alívio, os documentos estavam esperando no balcão da cozinha. Luci assinou o contrato em minha presença.

No caminho de volta para casa, paramos no escritório para passar o contrato por fax para o escritório regional. Cumprimos o prazo das 17 horas no minuto final, e eu estava nas nuvens.

Antecipei o gasto do valor que receberia de bônus levando minha família para ver um lindo musical. Mas enquanto me deliciava por ter ganhado do concorrente famoso uma venda para uma empresa listada na *Fortune 500*, dentro do prazo, tive uma grande desilusão. Fiquei desolada na segunda-feira ao ouvir que a gerência decidira me negar o direito ao tão suado bônus. O argumento deles era que, por não terem o equipamento em estoque no momento do pedido, eu não me qualificava dentro do prazo.

Esteja consciente de que vendedoras boazinhas às vezes precisam se defender, não com os músculos, mas com a cabeça e mais aquilo que estiver ao seu alcance. Rebati o argumento dizendo que o prazo era para a entrega do contrato e não dos equipamentos. Aquilo não era problema meu, mas deles. Eu sabia que estavam irritados por ter sido uma mulher a vender esse novo e grande sistema e a ganhar todo o dinheiro do bônus e o reconhecimento da empresa. O fato é que os rendimentos extras nunca me foram entregues.

Eu fervia de raiva. Decidi tratar meus oponentes à altura. Conheci Meire, uma loira, bonita, de olhos azuis e 22 anos, que tinha um andar especial. Pedi a Meire que entregasse a citação judicial a Jonas, o diretor de vendas. Ela adorou a esperteza. Meire ligou para Jonas para agendar uma entrevista. O diretor, que tinha 60 anos, ficou animadão e estufou o peito ao ver Meire caminhando em sua direção. Conversaram e Meire foi paquerada por um momento, e então ele pediu o currículo dela para examinar. Ela tirou os documentos do bolso e sussurrou com voz sensual, "você foi citado judicialmente", e saiu rapidamente do escritório.

No dia da audiência, Jonas me cumprimentou, mas eu ainda estava tão furiosa que foi difícil ser cordial. Jonas era alto, agradável e bonito. Tinha uma voz convincente, expressava-se bem e fez um excelente relato sobre o que tinha acontecido, do ponto de vista dele, é claro. Depois de sua fala, eu estava crente de que tinha perdido o caso, mas meu pai me ensinou a esperar até o último minuto do jogo, pois tudo podia acontecer até o final.

O juiz me chamou para contar o meu lado da história. E comecei a contar como havia vendido um sistema de copiadoras Y que era concorrente da marca X.

O juiz me interrompeu no meio da frase e perguntou: "O que é uma copiadora Y? Expliquei que era uma marca japonesa, desconhecida. Ele havia me deixado sem ar, mas disse, me deixando de boca aberta: "Para mim está bom. Se você conseguiu vencer a marca X, que é muito famosa, com a sua copiadora Y, ainda mais para uma empresa que é citada na *Fortune 500*, você deve ser uma excelente vendedora! Se eu trabalhasse com vendas, você seria a minha vice-presidente!". Então, olhou diretamente para Jonas e disse: "Pague o dinheiro do bônus que é dela por direito" E bateu o martelo. Aquele foi realmente o meu momento de glória!

Comemore o seu sucesso.

Estratégias de vendas que você aprendeu vencendo objeções

- Sorria. Uma objeção quer dizer que a pessoa está ouvindo o que você diz e pensando seriamente no que você está dizendo.
- Tente compreender exatamente as razões da objeção – pergunte, se não souber.
- Se uma palavra estiver sendo usada de maneira diferente da que você está acostumada, peça explicações.
- Se não entender algo, pergunte. O cliente vai perceber a sua vontade sincera de compreender.
- Coloque-se sempre no lugar de seu cliente/possível cliente e compreenda os desafios dele.
- Somente então você será capaz de encontrar uma solução que resolva o problema dele.
- Repita a objeção do jeito que ela foi dita – com as mesmas palavras da outra pessoa. O objetivo dessa tática é que se você encontrar uma solução para a objeção e repetir a objeção original com as mesmas palavras, a pessoa não poderá negar o que disse.Você se lembra?:

"Pena que eu não conheço ninguém que te conheça. Se alguém me desse uma referência sua, eu a contrataria".

Encontrei a pessoa e tive de ser contratada.

"Não posso conversar com você porque estou muito ocupado."

Sugeri levar sanduíches para o gerente de finanças. Economizei uma hora para ele. Na verdade podia ter ido mais longe, afinal eu tinha pedido apenas 30 minutos – ele ganhou mais 30 minutos. Encontrei uma solução e usei as palavras dele para driblar a objeção.

Saber é poder.

Pergunte sempre para aprender mais. Admita o que não sabe. Prometa conseguir as informações dentro do prazo combinado. Leve um especialista, caso precise. Apesar de isso provavelmente prolongar o processo de venda, certamente dará mais credibilidade a você e a sua empresa.

- Como não tínhamos treinamento, perguntei à secretária como fazer o meu trabalho.
- Na época, ainda não era possível fazer pesquisas na internet, então perguntava a todos os contatos na empresa sobre seus negócios e metas.
- Os compradores estão cada vez mais sofisticados e ocupados. Conheça antecipadamente tudo o que puder sobre a empresa.
- A maioria das empresas tem uma declaração da missão. Estude-a o máximo possível. Informe-se também sobre diretores, receitas, preço das ações, desafios, metas, palavras-chave e os dois principais concorrentes de seu futuro cliente.

Dicas de vendas da Vendedora Boazinha

1. Proteja-se contra tudo o que é negativo.
2. Ouça qual é a objeção e tenha certeza de seu significado.
3. Repita a objeção exatamente como a ouviu.
4. Peça explicações se não entendeu integralmente ou parte da objeção.
5. Pergunte ao possível cliente se ele pode sugerir uma solução para a objeção.
6. Repita a solução exatamente como a ouviu.

7. Entre em acordo.
8. Respeite as regras do acordo.
9. Suspenda a venda por um tempo, até que tudo seja resolvido.
10. Motive-se a continuar aprendendo.
11. Aprenda o máximo que puder sobre o setor no qual você trabalha.
12. Conheça seus dois principais concorrentes, que nem sempre são os maiores, mas aqueles com os quais você está sempre se encontrando.
13. Perceba qual é o ponto fraco de seu concorrente e, quando apropriado, mostre-o ao seu cliente.
14. Não fale mal de seu concorrente.
15. Conheça as semelhanças, mas venda as diferenças.
16. Seja um especialista.
17. Troque informações naturalmente.
18. Comece a vender colocando-se no lugar do possível cliente.
19. Conheça o setor de seu possível cliente.
20. Conheça o site de seu possível cliente.
21. Procure as palavras que se repetem (palavras-chave) no site.
22. Palavras-chave mostram o que é de extrema importância para a empresa.
23. Faça outras perguntas para compreender melhor.
24. Conheça os dois concorrentes mais importantes de seu possível cliente para compreender seus negócios e o setor dele.
25. Conheça as metas pessoais do possível cliente e os desafios da empresa dele.
26. Seja rápida. Agilidade para compreender os dois lados de cada questão (a sua e a deles) é fundamental.
27. Compare a sua oferta com o que está pensando o possível cliente.
28. Invente uma solução na qual os dois ganharão.

29. Em empresas maiores, mantenha todos envolvidos nos acontecimentos relacionados à venda que você quer fazer.
30. Demonstre atenção e tenha um interesse verdadeiro.
31. O que você disse deve ser sustentado apenas com fatos, e jamais com suposições.
32. Trate a todos com o mesmo respeito e sempre diga "obrigada".
33. Ajude sempre que possível.
34. Um almoço grátis (ou jantar, lanche, café) sempre funciona para encontros, para suas demonstrações e também para a entrega de serviços.
35. A recompensa que você terá pela venda deve justificar o preço da refeição.
36. Faça o possível para compreender todos os pontos de vista do responsável pela decisão.
37. Por meio de perguntas, procure maneiras de economizar tempo e dinheiro para o seu possível cliente.
38. Seja íntegra e venda com integridade.
39. Estude as táticas para saber se realmente funcionam para você.
40. Pense no que pode impedi-la de seguir em frente.
41. Seja flexível para, se necessário, mudar o caminho.
42. Encontre estímulo para tentar uma nova estratégia.
43. Continue fazendo perguntas.
44. Continue no jogo até o fim.
45. Faça de tudo por seu cliente. Ele vai valorizá-la por isso.
46. Bilhetes e cartões de agradecimento geralmente agradam, e muito.
47. Presenteie-se quando atingir metas difíceis.

Nos onze meses seguintes, obtive o melhor desempenho em duas filiais e ganhei muitos prêmios. Em um trimestre, fui homenageada por ter o melhor desempenho de toda a região. O gerente, Mauro, teve de se conformar com a minha presença por quinze meses. O diretor, Jonas, passou a se orgulhar de sua "melhor" contratação.

O meu primeiro trabalho como vendedora, igualzinho ao de muitas outras pessoas, foi só um "jogo de números". Só tinha valor o que se conseguia vender. Percorrendo sua área de abrangência e fazendo acompanhamento, uma pessoa podia conseguir alguma coisa, ou até mesmo ser bem-sucedida. Ah, mas eu queria mais.

Apesar de sempre conseguir o melhor desempenho, ganhar prêmios e vencer a concorrência fácilmente naqueles quinze meses, eu ainda me sentia como se estivesse dentro de um labirinto escuro tentando achar uma saída.

Eu precisava compreender e saber como avançar no ciclo de vendas. Apesar de aparentemente os possíveis clientes gostarem de mim, eu não sabia por quê. Não saberia dizer por que um possível cliente se tornava meu cliente. Por isso o treinamento se tornou muito importante para mim.

Que venha o próximo desafio!

CAPÍTULO 5

DOIS SEGREDOS PARA O SUCESSO

Segredo número 1: Paixão

Certa vez participei de duas conferências e queria pular de alegria ao ouvir histórias reais de duas empreendedoras que começaram a carreira com muito pouco. Uma delas começou com apenas uma caixa de cartões de visita que tinha custado muito pouco. Com muito trabalho, inteligência e dedicação essas mulheres construíram empresas de milhões de dólares.

Nenhuma delas tinha algo de extraordinário no currículo, apenas coragem. Até mesmo as escolas em que elas estudaram eram bem limitadas. Outras palestrantes tinham histórico de abusos e tiveram de vencer a baixa auto-estima.

Todas elas disseram que o segredo para o sucesso é ser apaixonada pelo que se está oferecendo e amar o que faz.

Elas não desistiram de seus sonhos.

Quando encontraram a paixão verdadeira, sua atitude mudou de "O que eu tenho **de** fazer hoje?" para "O que eu tenho **para** fazer hoje?"

Outro conselho foi que ao descobrir a paixão e o que quer fazer, você deve bolar um plano de trabalho para saber o exato significado desse "querer" – ou seja, por que você quer fazer isso –, e então concentrar energia para o que vem depois.

Eu pensava assim: sou uma vendedora, sei que preciso de negócios e sei como consegui-los. Não preciso elaborar nenhum plano. Mas, quando comecei a elaborar meu plano, tudo ficou claro em minha cabeça e imediatamente apareceram idéias de melhorias nas estratégias para futuros negócios.

Coloquei no papel todas as minhas idéias.

Não haveria "esquecimentos". Agora que tinha uma fórmula clara para o sucesso, não me desviaria dele; ao contrário, chegaria lá. Pode ser que essa idéia sirva também para você.

Agarre com unhas e dentes todos os convites e oportunidades que surgirem. Você poderá não ter a mesma chance novamente e o seu negócio crescerá se puder deixá-lo perto para as outras pessoas.

Durante uma importante convenção para mulheres empreendedoras, uma consultora surgiu do nada e colocou o braço sobre os meus ombros enquanto caminhávamos por um corredor e me disse: "Se você trabalha sozinha, mostre-se para todo mundo; assim você vai se tornar 'especialista' em sua área".

Aqui estão as dicas dela para você se firmar como especialista e, além disso, conseguir aquele dinheiro extra com o qual sonhou:

- Escreva um livro e faça uma versão para computador.
- Grave CDs educativos.
- Faça uma embalagem atraente, coloque tudo dentro e venda.

Em alguns momentos, consegui ir mais longe fazendo parcerias e aceitando ajudar outras pessoas a desenvolver seus negócios.

Como complemento, segue abaixo uma lista de outras partes do enigma que é vender, incluindo novas estratégias que aprendi com a progressão do meu negócio:

Exemplo: *ocasionalmente dou palestras a pessoas que estão procurando emprego e ensino-as a vender a própria imagem durante entrevistas de emprego. Falo também com estudantes empreendedores para ajudá-los a montar seu próprio negócio.*

- *Ofereça-se para dar palestras sobre a área em que você é especialista. Minhas palestras são tão bem recebidas que uma palestra vende outra palestra; assim, tenho sido convidada para novos encontros e para montar seminários.*

Exemplo: *por intermédio de uma associação de empresários, participei de uma série de palestras sobre negócios. Com a idéia de deixar minha marca mais forte, estou trabalhando com outra colega para criar um treinamento de vendas junto com um coordenador de eventos em cruzeiros marítimos.*

- *Organize você mesma, ou em parceria, seus seminários, ou seja, um grupo de estudos sobre a sua especialidade.*
- *Divulgue suas palestras e seminários em sites da internet e em jornais locais. Os organizadores do evento devem cuidar da publicidade e você pode também pedir uma propaganda gratuita escrevendo sobre a palestra ou o seminário para locutores de rádio e editores de jornais e revistas.*

Exemplo: *há algum tempo venho publicando quinzenalmente artigos na internet com dicas de vendas. Algumas pessoas têm me pedido permissão para reproduzir alguns trechos dessas dicas, inclusive uma recém-formada organização empreendedora da África do Sul. Uma associação de empresários juntou os boletins que publica para fazer um livro para seus associados e os leitores estão pedindo que eu escreva e mande contribuições para suas publicações periódicas.*

- *Monte um site informativo e publique regularmente na internet um e-zine (um tipo de revista ou boletim veiculado via e-mail) sobre sua especialidade.*

***Exemplo**: quanto mais você publicar (gratuitamente é sempre melhor), mais as pessoas reconhecerão o seu nome e você será considerada "a especialista".*

- *Escreva artigos para jornais e revistas.*

***Exemplo**: procure estações de rádio locais e nacionais que atinjam públicos interessados em seu negócio. Uma pesquisa na internet pode ser a maneira mais fácil de encontrar essa informação. No site de pesquisas Google, coloquei "estações de rádio da região sul" e um dos sites que descobri foi "estações locais de rádio e outras mídias". Nesse site eu encontrei uma lista de estações de rádio, televisão e jornais na região que eu queria.*

- *Consiga entrevistas em rádios.*

***Exemplo**: procurei ter certificado de "treinamento em vendas". A certificação é o reconhecimento oficial por uma entidade ou um grupo de empresários de que você está apta a fabricar determinado produto ou a executar um serviço. Essa certificação me abriu portas para encontrar as grandes empresas. Sem a certificação, teria sido muito mais difícil chegar até elas. Um grande trunfo tem sido meu contato com outras mulheres de sucesso. Ao aprender com elas, meu negócio cresceu "à velocidade da luz", como dizem os meus colegas.*

- *Obtenha uma certificação para empresas pertencentes a mulheres e outras minorias.*

À medida que for atraindo mais atenção e ganhando fama, empresas maiores passarão a considerar seus serviços mais atraentes e ficarão mais perto de fazer negócios com você.

Segredo número 2: Evite altos e baixos

Outra lição: os altos e baixos das vendas não são divertidos. Ou seja, vender uma grande quantidade em um mês e quase nada no mês seguinte.

Isso causa uma frustração terrível e a sensação de que você nunca será capaz de recuperar o estímulo e as vendas novamente. O seu caixa pode ficar vazio se você se sente desencorajada. O pior de tudo é que, durante esse ciclo horrível, surge a idéia de desistir.

Há alguns anos, passei por uma situação como essa depois de comemorar a minha grande venda (aquela que contei no capítulo anterior). Na segunda-feira seguinte depois da grande venda trabalhei bastante pela manhã, comemorei durante o almoço com alguns colegas de trabalho e depois "fiquei numa boa durante a tarde". Na terça-feira, ainda lembrando como tinha sido divertido o dia anterior, a descontração estava em minha agenda novamente.

Peguei a mania de não trabalhar de maneira tão intensa e lá se foi uma semana. Além disso, a grande venda realizada no mês anterior exigia de mim muito trabalho de acompanhamento, tanto internamente quanto no cliente. A documentação também consumia bastante tempo.

Para assegurar que a transição acontecesse sem sobressaltos, eu precisava manter o novo cliente sempre bem informado sobre a entrega e a programação de treinamento. Detalhe: eu precisava dar o treinamento pessoalmente. Não havia tempo para buscar novas oportunidades de vendas. A combinação de todos esses fatores contribuiu para que o mês seguinte fosse longo e ruim.

Parecia difícil encontrar novos clientes. Praticamente não marquei reunião. E, é claro, nenhum negócio foi fechado no mês seguinte.

Para piorar, além de não receber minha comissão, perdi o bônus do trimestre seguinte, pois para ter acesso a ele naquela empresa onde trabalhava eu precisava atingir as metas mínimas todos os meses. Pois bem: tornou-se minha prioridade *nunca mais* cair nessa armadilha.

A moral da história é que é preciso buscar novas oportunidades de vendas sempre!

Siga uma rotina diária. Procure sempre novas oportunidades de vendas, não importa o que aconteça. Estabeleça um horário, todos os dias, para telefonar para novos clientes, fazer acompanhamento e comparecer às reuniões agendadas.

Dicas de vendas da Vendedora Boazinha

1. O dia seguinte precisa ser um enorme prazer.
2. Divida sua paixão com os clientes e possíveis clientes.
3. Deixe que outras pessoas ajudem você.
4. Ajude as pessoas que estão alguns passos atrás.
5. Espalhe alegria participando de atividades beneficentes.
6. Seja reconhecida como "a especialista" por meio de publicidade, palestras e seminários.
7. Pergunte a si mesma: "Se eu fosse o patrão, eu pagaria o meu salário?".
8. Trabalhe todos os dias com toda a sua energia – e busque novas oportunidades de vendas!
9. Tire um tempo de folga se precisar.
10. Compense o tempo de folga antes de tirá-la.

CAPÍTULO 6

PREPARE SEU DIA PARA O SUCESSO

Aproveite o seu dia ao máximo utilizando a técnica certa. Essa técnica inclui vários itens:

- Rotina
- Atualização constante de seu banco de dados para contatos
- *Back-up* manual
- Sistema de pontos para atividades
- Comparação entre o número de possíveis clientes e o número de vendas fechadas para você conhecer sua média de sucesso

Desenvolva uma rotina diária

Para serem eficientes, todas as pessoas precisam criar uma rotina. Isso vale para qualquer setor. Mantenha-se dentro da programação que você criou o máximo possível. Isso inclui a relação de telefonemas que você precisa fazer, reuniões agendadas, busca de oportunidades de vendas e acompanhamento. A rotina estabelecida permite que você comece o dia com eficiência. Planejar o dia seguinte na noite anterior dará condições para você começar o dia no rumo certo.

Não se esqueça da flexibilidade. Haverá dias em que você precisará ser flexível para inserir mudanças na programação quando, por exemplo, aparecem reuniões inesperadas ou houver mudança nos prazos.

Um dia típico começa com telefonemas novos e de acompanhamento no período das 8 às 9h30, seguidos por reuniões e busca de novos clientes. O fim da tarde é excelente para buscar as informações que lhe pediram e que estão disponíveis apenas em horário comercial, mas também para fazer telefonemas de acompanhamento.

Infelizmente, a melhor hora para elaborar propostas é à noite, pois é um trabalho que exige reflexão e concentração. Se tivesse de elaborá-las durante o dia, você gastaria muitas horas que poderiam ser utilizadas para vender.

O mesmo é válido para quando você precisa fazer uma grande mala direta. Por exigir dedicação de muito tempo, a mala direta deve ser feita à noite ou talvez você prefira contratar o serviço de uma empresa especializada para lidar com essas atividades.

Notas de agradecimento depois de reuniões e vendas podem ser escritas enquanto se assiste à televisão, contanto que você consiga se concentrar no que está escrevendo.

Atualização constante de seu banco de dados para contatos

Entre a rede de relacionamentos e os contatos de possíveis clientes, a sua mesa ficará repleta de cartões de visita, anotações e bilhetinhos. Você precisará lembrar-se de entrar em contato com inúmeros clientes e possíveis clientes, lembrar-se do que lhe disseram ontem, qual o interesse deles ou para quando foram agendadas as próximas reuniões.

Para evitar dores de cabeça e a preocupação de perder informações valiosas, coloque o computador em sua vida!

Escolha o tipo de sistema de gerenciamento de banco de dados adequado para você. Todos os sistemas possuem recursos de integração para facilitar a sua vida no escritório. Em geral são fáceis de usar, mas não custa informar-se. Você verá, com um pouco de pesquisa você descobrirá qual é o melhor sistema para você.

A partir do momento em que você tiver o banco de dados em seu computador, insira os dados de todas as pessoas que têm a ver com o seu negócio e faça isso imediatamente após receber o cartão delas. Alguém me aconselhou a fazer isso uma vez, mas eu não dei ouvidos.

Meses mais tarde, eu corria atrás do tempo perdido com muitas informações que precisam ser atualizadas. Estava na cara que eu nunca ia conseguir colocar tudo em dia. Para lidar com o problema, a opção foi comprar um leitor de cartões; ou eu fazia isso ou passaria muitas horas digitando todas as informações. Se você organizar os dados de seus contatos desde o início, será capaz de evitar o gasto extra e não precisará correr atrás do prejuízo, o que consome muito tempo.

Também é importante criar uma regra para entrar em contato com os clientes todo mês. Você pode enviar e-mails, cartões, fazer ligações ou visitá-los pessoalmente para verificar o grau de satisfação deles. Seja lá qual for o método escolhido, use-o em todas as vendas que venha a fazer.

Back-up manual

A tecnologia é uma maravilha. Facilita a nossa vida, mas é preciso lembrar que, às vezes, acontecem falhas. Por isso, faça semanalmente uma cópia de segurança de todas as suas informações. Além da cópia de segurança em CD, mantenha um sistema manual de *back-up* (cópia), como, por exemplo, uma agenda para anotações diárias de telefonemas e reuniões importantes.

Sistema de pontos para atividades de vendas

Cada tarefa deve ter um valor em pontos. Procure estabelecer uma meta em número de pontos e chegar a ela todos os dias. O sistema deve ser adaptado para o seu setor e deve considerar se você trabalha em período integral ou não. O sistema que recomendo é para quem trabalha o dia inteiro, mas você poderá adaptá-lo às suas necessidades. Isso vale também para quem é dono do negócio. Feitas as adaptações necessárias, você verá como esse sistema pode ser motivador.

Há alguns anos, ouvi dizer que um vendedor médio chega a fazer cinqüenta pontos em um dia. Não queria ficar na média e sempre trabalhei para conseguir atingir de sessenta a setenta pontos diariamente. Esse sistema nunca me decepcionou. Certamente ele ajudará você a conseguir o melhor desempenho e as recompensas que busca.

Além disso, há mais uma vantagem em empenhar-se para conseguir os pontos: não vai sobrar tempo para falar mal da gerência ou fazer intrigas, como fazia a maioria dos meus colegas. Eu trabalhava muito todos os dias. Fazia questão de garantir as noites para a minha família. Não via a hora de preparar o jantar e sentar à mesa para comer e contar os acontecimentos do dia. Quando parava para conversar com os meus colegas, era sobre negócios ou sobre o orgulho que sentia da minha família. Como as pessoas tinham muito pouco que falar a meu respeito, passei a ser considerada a "vendedora boazinha do escritório".

Cotação do sistema de pontos

- Um e-mail vale ½ ponto.
- Uma mensagem via telefone vale ½ ponto.
- Um telefonema vale 1 ponto (mensagens deixadas na caixa postal não valem).

- Uma reunião inicial e uma reunião para a conclusão de uma venda valem 10 pontos cada uma.
- Uma reunião intermediária para avançar no processo de venda vale 5 pontos.
- Correspondência ou qualquer outro tipo de acompanhamento valem 1 ponto cada um.

Ficou curiosa? Então tente marcar seus pontos durante uma semana e veja como está a sua atividade. Faça os ajustes necessários. Você ficará bastante contente com os resultados.

Se no momento estiver administrando uma venda, certifique-se de trabalhar a fim de completar suas atividades de maneira eficiente e dentro do prazo estabelecido. Depois retorne aos seus pontos o mais rápido possível para fazer seu negócio crescer.

Comparação entre o número de possíveis clientes e o número de vendas fechadas para você conhecer sua média de sucesso

Para saber como está indo o seu trabalho e onde é necessário melhorar, calcule a porcentagem entre o número de possíveis clientes e o número de vendas efetivas. Se você trabalha em um escritório com outras pessoas, pergunte ao gerente quais os números dos melhores vendedores e compare-os aos seus.

Fale com seu gerente como se fosse a "vendedora boazinha"

– Eu gosto muito do trabalho do Frederico Mendes, ele vende muito. Dê-me uma força, por favor. Se você me falar quanto ele vende e qual é a porcentagem dele, eu vou me esforçar ao máximo para fazer mais. Isso também vai ser bom para você, não?

Quando diz que quer fazer isso também por ele, você é valorizada e o gerente faz de tudo para ajudá-la.

Seja honesta consigo mesma e descubra se é preciso aumentar seu trabalho ou melhorar o que já vem fazendo. Se precisar, leia outros livros, ouça CDs sobre o assunto, peça auxílio ou matricule-se em um curso. Investir em você é a melhor maneira de aumentar as vendas, além de melhorar suas técnicas.

Dicas de vendas da Vendedora Boazinha

1. Trabalhe com sistemas adaptados a suas necessidades.
2. Crie um sistema de pontos para as suas atividades diárias.
3. Estabeleça uma meta quanto ao número de pontos que deseja atingir.
4. Registre todos os números.
5. Descubra o que é necessário fazer todos os dias para melhorar.
6. Faça mais que o necessário diariamente para quebrar recordes.

CAPÍTULO 7

APRENDA A *VENDER SEU PEIXE* PARA O GERENTE

Dedico este capítulo a você que não é proprietária de negócio. Nessa condição, você precisa vender para dois tipos de cliente: os externos – os potenciais compradores – e os internos – começando pelo seu chefe.

Há várias maneiras de controlar o tratamento que recebe. A maioria dos profissionais de vendas comete o erro de reclamar da papelada e do excesso de reuniões, principalmente das repentinas e das extensas, pois esse é um tempo que poderia ser utilizado para vender. Não adianta usar palavras chulas para descrever a empresa. Isso só serve para deixar as pessoas, inclusive a gerência, na defensiva e de mau humor. Todos sofrem com esse comportamento desagradável. Afinal, existem outras maneiras de conduzir esse tipo de ocorrência. Uma delas é usar a própria habilidade para construir relacionamentos, tratando essas interrupções com um sorriso. Essas atividades burocráticas costumam decorrer da preocupação da gerência em cumprir metas e ter caixa no fim do mês. Ao obedecer às ordens da gerência, você passa a ter preferência. Em compensação, o seu gerente vai se lembrar de que você é uma pessoa muito agradável de se trabalhar e provavelmente considerará o seu nome em momentos importantes para você, como o da distribuição de benefícios e de elogios nas reuniões de cúpula.

Em meu terceiro ano de trabalho, passei por um momento muito difícil. Pois é, o terceiro foi pior que o primeiro.

Meu erro: não sabia que precisava *vender meu peixe* para a minha gerência.

Meu gerente direto, David, considerava-me uma das melhores entre os profissionais de vendas com quem já havia trabalhado. Infelizmente, porém, eu trabalhava também com Ana, a gerente de varejo, com quem eu costumava bater de frente. Vendas para empresas e vendas para varejo não se misturam. É como se fossem água e óleo. Ela usou de influência e, quando me dei conta, foi registrado em minha ficha pessoal que eu seria demitida pelo fato de "Ser perfeccionista e colocar os clientes em primeiro lugar!".

Trabalhar naquela empresa era o mesmo que trabalhar no escuro. Eles se irritavam porque eu queria os documentos organizados, com *todas* as páginas em ordem. Eu estava brigando com a minha empresa em nome do cliente.

Amigos de outros setores me diziam que se eu tivesse experiência com seus produtos poderiam contratar-me imediatamente. Mas não o fizeram. Passaram-se muitos anos até eu conseguir mencionar esse incidente e me divertir com ele.

Pelo fato de a gerência manter-se unida (são sempre aliados), David não teve outra saída a não ser ficar do lado de Ana. Como eu queria permanecer naquela empresa até conseguir outro emprego, fui obrigada a contratar um advogado.

Quando resolvi sair da maneira que "eu" julgava mais adequada, David me disse que em vendas é preciso sempre *vender seu peixe* para a gerência. Ele queria dizer que eu precisava aprender a fazer automaticamente o seguinte:

- Manter a gerência informada sobre todas as minhas atividades relacionadas aos clientes importantes, entregando naturalmente as informações.
- Contribuir com boas idéias para melhorar o desempenho das minhas vendas e das da equipe.
- Proteger-me contra decisões negativas da empresa.
- Não deixar a documentação para o dia seguinte.
- Ter uma visão positiva de mim e dos colegas.

Como não queria passar novamente pelo aborrecimento de quase ser despedida, guardei essas sábias palavras em meu coração. Essa lição duramente aprendida me acompanhou por toda a minha carreira em vendas.

Depois disso, minha atitude em relação aos gerentes mudou muito. Eu me espelhei em minha relação com os clientes. Comecei a me colocar no lugar dos gerentes e a observar o ambiente de vendas do ponto de vista deles. Funcionou de imediato.

Comecei a praticar com meu novo gerente as técnicas de relacionamento que usava com meus clientes. Anotava e cumpria tudo o que ele me dizia. Era, então, uma outra época e os machões não estavam mais no topo; pelo contrário, eu passei a ser o centro das atenções.

Na quarta empresa em que trabalhei, numa ou duas ocasiões agradeci ao gerente pela entrega inesperada de um questionário que ele me pedira para responder. Nunca antes alguém agradecera por receber mais trabalho burocrático. Imagine sua surpresa e satisfação!

Depois de examinar rapidamente os documentos, pedi que esperasse um minutinho, completei o que era preciso enquanto ele estava ali de pé e devolvi rapidamente. Satisfeito pelo fato de eu atender às suas solicitações imediatamente, ele me usou como exemplo para toda a equipe de vendas. Fez também elogios ao meu desempenho diante da alta liderança e se gabava de ter me encontrado sem ajuda.

Como prêmio por ser a vendedora boazinha do escritório, esse gerente levava a mim e a um colega cujo desempenho também era bom para alguns almoços. Isso tornou nosso relacionamento pessoal ótimo. Na maioria dos escritórios de vendas, ajudar é uma palavra distante. Contudo, o meu relacionamento com o gerente e a parceria com meu grande colega criaram um vínculo entre nós e isso fortaleceu o ambiente de companheirismo.

Siga essa sugestão e observe dois resultados: primeiro, você não se sentirá culpada por, eventualmente, não ter completado o trabalho burocrático, que será imediatamente eliminado de seus pensamentos. Com isso, seguirá em frente no que de fato precisa ser feito para ganhar dinheiro.

Os gerentes encontram muitas maneiras de tirar os vendedores de seu foco. Às vezes, parece que se preocupam com detalhes tão pequenos que ignoram a sua necessidade de tempo para vender e aumentar o resultado da empresa.

O segundo e melhor resultado (desde que você esteja acima da meta e continue a reagir com presteza ao trabalho burocrático) é que o seu gerente passará a considerá-la uma *estrela de novela*. Tudo o que você precisar será atendido com prazer e o seu nome será mencionado como funcionária exemplar em todas as oportunidades, o que impressionará a cúpula da empresa.

Completar o trabalho burocrático com rapidez torna o ambiente do escritório um lugar muito agradável, principalmente para você.

Eu me esforçava para devolver os documentos logo depois de recebê-los, e era elogiada por isso. Dizia ao meu gerente que sempre aprendia algo novo nas reuniões comandadas por ele, e isso era verdade. Procurava ajudar voluntariamente as pessoas da equipe. E mais, eu estava trazendo de volta antigos clientes que todos já consideravam "perdidos". Meu gerente me considerava a melhor de todas as representantes com quem trabalhara.

A história a seguir comprova a importância de *vender seu peixe* para a sua gerência.

Depois de um ano na empresa, fui participar de um curso na matriz. Ao ver uma colega sentada sozinha, fui até ela e me apresentei com um sorriso e um aperto de mão. Ao dizer meu nome, a mulher me olhou assustada e, incrédula, disse:

– Você é Elinor Stutz? De verdade? Eu pensei que alguém tinha inventado esse nome!

– Como assim? – respondi.

Pensei que a mulher fosse maluca, e ela continuou:

– A gente só ouve no escritório que você devolve todos os documentos rapidamente, que gosta de verdade das reuniões e vive ajudando todo mundo, que consegue trazer de volta contas perdidas e vende para empresas listadas na *Fortune 100*.

Bem, nem é preciso dizer que fiquei nas alturas. Fui muito bem tratada naquela empresa. Que diferença fez aquele conselho! Eu de fato era uma *estrela de novela* na empresa.

O meu gerente era meu aliado, apoiando-me e me promovendo. Consegui ganhar muitos prêmios e reconhecimento. Gostava tanto do meu trabalho que era difícil acreditar que eles ainda pagavam para eu trabalhar.

Gostaria de acrescentar outro conselho: se houver algum conflito de personalidade entre você e a gerência, arranje um outro lugar para trabalhar, onde você se adapte melhor. Falando por experiência própria, nada compensa o aborrecimento de continuar em uma situação desagradável.

Dicas de vendas da Vendedora Boazinha

1. Deixe o seu gerente permanentemente satisfeito.
2. *Venda seu peixe* para a gerência em todas as atividades que executar, sempre fornecendo espontaneamente informações atualizadas sobre a situação das contas.
3. Complete imediatamente os trabalhos burocráticos demorados.
4. Trabalhe em equipe e ajude os outros.
5. Dê suas contribuições às reuniões da equipe.

CAPÍTULO 8

ADMINISTRE A SUA CARREIRA

As coisas não iam bem na terceira empresa em que trabalhei, mas mesmo assim eu estava bem segura da minha capacidade. Um dia, vi um anúncio para o cargo de gerente de contas especiais.

Você se lembra da minha primeira entrevista, relatada no início do livro? O cargo anunciado era para trabalhar exatamente naquela empresa e na mesma filial. Julgando que o homem que tinha gritado "suma da minha frente" ainda trabalhava lá, decidi comparecer à entrevista para castigá-lo.

Para minha satisfação, na posição de gerente estava um senhor muito agradável, e logo nos demos bem. Apesar de o título "gerente de contas especiais" dar a impressão de estar acima da minha capacidade, decidi que cresceria nessa função e, quando me ofereceram o cargo, aceitei.

Descobri que o homem que eu esperava encontrar tinha sido transferido para um outro escritório (ainda me lembrava da promessa que resmunguei baixinho quando ele me pediu claramente que saísse da sala).

Apesar de o novo gerente ser de modo geral uma pessoa muito agradável, usou de uma malandragem típica de chefes durante a entrevista. Mudou os fatos para eu aceitar o trabalho. Disse que na posição de gerente de contas especiais eu ganharia uma listagem de contas de empresas com as quais se relacionavam havia muito tempo. Pensei comigo: "Uau, que beleza!".

Ele me contou a história de que o vendedor anterior adoecera e não iria poder mais trabalhar. (Depois cheguei à conclusão de que provavelmente ele ficou doente de tanto aborrecimento.) O novo gerente disse que ele mesmo poderia ocupar a vaga se não tivesse assumido havia pouco o cargo que ocupava então. O dinheiro viria como um foguete e seria todo meu!

Na manhã de segunda-feira, corri para o trabalho, pois não podia ver a hora de começar a ligar para os clientes e ganhar rios de dinheiro. Comecei a discar e foi essa a mensagem que ouvi repetidas vezes:

– Este número não existe. Verifique o número discado ou consulte a lista telefônica.

Ouvi a mesma mensagem doze vezes. Eu tinha recebido uma listagem com 24 contas espetaculares, mas doze delas não existiam mais. De duas das outras doze empresas ouvi a mensagem diretamente da boca do cliente:

– Nunca fizemos negócios com a sua empresa e não pretendemos fazer.

– Ah, já trabalhamos com a sua empresa e tenha a certeza de que nunca mais vamos fazer isso!

Acho que os meus cabelos começaram a ficar brancos quando estava naquela empresa.

Fiquei gelada e sem saber o que fazer. Tinha acabado de deixar um emprego do qual estava para ser demitida; tinha prometido ao meu marido que ajudaria a economizar dinheiro suficiente para os nossos filhos entrarem na faculdade que escolhessem e agora estava de mãos amarradas – em uma nova empresa com a qual ninguém queria fazer negócio.

Passei em claro a noite daquela segunda-feira, pensando numa maneira de resolver o problema. O que fazer: procurar um novo emprego, perdendo mais tempo, ou tentar ser prática em relação ao que acabara de acontecer?

Naquela noite elaborei um plano para o dia seguinte.

Lembrei-me do meu primeiro trabalho em vendas e tentei me recordar das técnicas que me levaram ao sucesso mesmo sendo novata. Técnicas de construção de relacionamentos como as da Vendedora Boazinha surgiram na minha frente. Então me lembrei de um conselho: "Às vezes é preciso chamar a responsabilidade para si". Reuni toda a minha experiência anterior em vendas para seguir em frente e executar meu plano.

Pensei que no mínimo dois fatos aconteceram: 1) algum fator levou meus clientes a fecharem contrato com minha empresa; e 2) algo terrível ocorreu para eles não quererem mais fazer negócios conosco. Eu precisava me desculpar por isso.

Na terça-feira pela manhã, comecei a ligar para as seis empresas com as quais a minha empresa já tinha trabalhado. Assegurei a eles, de imediato, que eu era nova no cargo, era conhecida por "colocar o cliente em primeiro lugar" e queria ouvir da boca deles o que tinha acontecido.

Dentre as seis empresas, só consigo me recordar com detalhes do que aconteceu com uma delas. Essa empresa trabalhava para o governo federal e para o departamento do meio ambiente de um importante estado.

Depois de ouvir Luíza, a cliente, reclamar furiosa ao telefone, pedi desculpas e garanti que eu não tinha o estilo de trabalho do vendedor anterior. Solicitei que marcássemos uma reunião para discutirmos mais a fundo o que tinha ocorrido.

Alguns dias depois, cheguei ao escritório de Luíza e descobri que ela tinha saído por causa de uma emergência. Apesar de surpresa por ela não ter telefonado para adiar a reunião, telefonei depois para agendarmos uma nova data.

Marquei a segunda reunião com Luíza e ela não compareceu novamente. E isso ocorreu mais uma vez. Dois furos, em geral, já são suficientes para eu desistir, mas aquela era uma empresa grande e eu queria saber mais sobre ela e os serviços que oferecia.

Fui paciente e dei mais tempo a eles para que a reunião acontecesse. Queria dizer com todas as letras: "Eles são meus clientes".

Nesse meio-tempo, não conseguia nem ser recebida pelos outros clientes que eu "herdara". Começaram a pairar dúvidas em relação a minha competência na empresa em que trabalhava. Segundo a gerência, eu já deveria ter feito uma venda grande. Eles queriam que eu vendesse, mas não queriam saber da verdade, ou seja, tinham me dado uma lista falsa de clientes. Mas não importa. As empresas têm metas a cumprir e nós, representantes, precisamos ajudar a cumprir essas metas. Não há desculpa para não vender.

A essa altura, percebi que precisava lidar com a situação começando pela empresa grande. Liguei para Luíza pela quarta vez e disse:

– Garanto que você deve estar se sentindo muito culpada por ter falhado comigo três vezes.

Ouvi uma risadinha sem graça do outro lado e continuei:

– Eu preciso me desculpar de novo por tudo o que a minha empresa fez para vocês. Só estou pedindo uns cinco minutinhos. Olha só: se você me achar feia ou não gostar da minha roupa ou do jeito que falo, pode me mandar embora e eu prometo que não apareço mais.

Sucesso! Ela apareceu na data marcada e nossa conversa foi bem agradável. Havia um relógio na parede atrás da mesa dela e, no meio da conversa, reparei que os cinco minutos já tinham ido embora. Então disse:

– Você viu? Meus cinco minutinhos já acabaram. Você quer que eu saia?

Eu a surpreendi com minha franqueza e sinceridade. Luíza admitiu ter simpatizado comigo e pediu que continuássemos a reunião. Ao final, pediu uma proposta de orçamento. Fiquei surpresa.

Naquela noite, trabalhei na proposta e pedi a aprovação do meu gerente (que ficou muito satisfeito) e a apresentei a Luíza no dia seguinte. Nos três meses seguintes, a cada quinze dias Luíza me solicitava pelo menos uma proposta.

Bem, ela pedia as propostas, agradecia gentilmente, mas todas eram rejeitadas. Na época, o fornecedor deles era, novamente, o mais famoso.

Ao final dos três meses, Luíza me perguntou:

– Como é que você consegue me entregar uma proposta sempre no dia seguinte? O meu fornecedor leva de duas semanas a um mês?

E eu respondi:

– É que eu estou louca para você ser minha cliente. Dê-me essa chance. Não precisa comprar o nosso maior equipamento. Por que não experimenta uma coisinha menor e assim você testa o serviço que estou prometendo? Aí então poderá decidir se merecemos ou não ser seu fornecedor.

Até eu fiquei impressionada com minha resposta. Entregaram-me o pedido de uma pequena copiadora de mesa para ser colocada no depósito deles. O problema era o local, que ficava em um bairro que não tinha boa fama.

Meio receosa, desci uma travessa escura ouvindo cachorros latindo e rezando para que estivessem presos. Da minha cabeça não saía a idéia de fazer um grande negócio.

Fiz uma reunião de uma hora com todos no depósito. Conheci cada um e perguntei sobre o trabalho que faziam ali e qual era a copiadora preferida. Luíza ficou impressionada com o tempo que dediquei e o respeito com que tratei seus funcionários. Nunca tinham sido tratados daquela maneira antes e ligaram para ela dizendo que queriam passar a comprar somente de mim.

Quando a copiadora foi entregue, dei a eles a mesma atenção que costumava dar a compradores de grandes equipamentos. Os funcionários do depósito novamente falaram com Luíza sobre como era maravilhoso trabalhar comigo e de como eu era muito mais compreensiva que o fornecedor atual.

Um outro departamento me pediu mais um equipamento. Usei a mesma tática. Conversei com todos sobre o que era melhor para eles. Fiz de tudo para que a troca do equipamento antigo pelo nosso fosse a mais tranqüila possível. Senti como se estivesse no topo do mundo!

Ao final do nono mês, toda a fábrica já trabalhava comigo, menos o departamento central de cópias. Lá o volume de trabalho era muito grande e não podíamos vencer a concorrência. Com o tempo, esse cliente tornou-se um dos meus preferidos.

Esse exemplo diz o seguinte: se você encontrar um método de trabalho que funcione bem para você, acredite nele e vá em frente!

Enquanto o processo de vendas ia caminhando naquela empresa, rapidamente passei a ligar para as outras cinco empresas que tinham se recusado a me receber. Comecei uma conversa com cada uma delas.

Meu outro cliente preferido era uma construtora conhecida que precisava de copiadoras e aparelhos de fax em todos os canteiros de obras e na matriz. A situação não era muito animadora. Eles também falaram que a minha empresa havia perdido uma chance e eles não estavam nem um pouco interessados em fazer negócio conosco novamente.

Não me dei por vencida e pedi uma reunião. Ouvi o comprador reclamar do prejuízo que haviam sofrido antes de eu começar a trabalhar na empresa. Simplesmente perguntei:

– Certo, mas o que eu preciso fazer para resolver a situação?

Ao ouvir que eu realmente queria fazer alguma coisa para solucionar os problemas anteriores, o comprador olhou para mim totalmente surpreso. Fui mais longe oferecendo-me para montar um pequeno caderno com dicas sobre o mais novo equipamento do mercado. Ele ficou realmente espantado por eu estar disposta a trabalhar para conseguir o negócio.

Pedi reuniões com os chefes de departamento da matriz para entender como eles usavam as copiadoras e os aparelhos de fax e, claro, também visitei os canteiros de obras para conversar com as pessoas. O comprador viu que eu não estava ali para brincadeira. Eu, de fato, queria o negócio.

A partir disso, exatamente como no cliente anterior, fizeram o pedido de uma pequena máquina, só para um teste. Se a copiadora funcionasse como eles queriam, se o meu serviço de pós-venda fosse bom e tudo o que eu estava prometendo fosse cumprido, teríamos então a oportunidade de vender equipamentos maiores regularmente. Depois disso, fui chamada todos os meses para fornecer novos equipamentos. Mais uma vez, peguei o lugar do fornecedor mais conhecido.

Em minha opinião, não é preciso muito empenho para conseguir negócios quando a concorrência está dormindo e dedica tão pouco esforço aos clientes.

Bem, como esses dois clientes eram o meu ganha-pão, cuidava deles com todo o carinho, dava-lhes a melhor assistência, além de preços atraentes.

Existe uma técnica de marketing chamada "conceito de marketing vertical", que significa concentrar-se em empresas do mesmo setor. Pois bem, apliquei esse conceito e comecei a ligar para outras empresas de construção. Visitava tanto as instalações da matriz quanto os escritórios que ficavam nos canteiros de obras. Era fundamental conhecer aquele povo e seus projetos. Precisava ser conhecida entre eles como uma vendedora importante. Com esse trabalho aprendi bem rápido o jargão da área, os problemas e as tendências do setor, o que ajudou a me inteirar do assunto no caso de futuras vendas. Acompanhava por meio de anúncios em jornais os novos projetos de construção para os quais os meus clientes eram contratados. Eu ligava, então, para o gerente de compras para falar sobre suas necessidades. Ele adorava o fato de eu saber de tudo sobre os negócios da empresa dele e assumir o papel de parceira.

Percebi que podia vender mais vezes para a mesma empresa, então procurei manter preços bastante competitivos, embora nem sempre os mais baixos do mercado. Para compensar, oferecia um serviço de acompanhamento de primeira, ao contrário de colegas que só trabalhavam com o argumento preços baixos. Meu serviço e preços médios deixavam os clientes muito satisfeitos. Compreendi o que queria dizer o termo "tirador de pedidos": enquanto eu preenchia a documentação em minha mesa, o telefone tocava e eu ouvia o seguinte:

– Precisamos de um aparelho de fax no canteiro de obras. Mande um para nós, por favor. É para ontem, hein!

Não havia nenhuma menção a preço ou objeções quanto a detalhes mínimos. Os meus clientes sabiam que seria cobrado um preço justo e que o equipamento seria enviado o mais rápido possível.

O resultado é que todos os meses eu superava meus números e estava apta a receber os bônus, que eram entregues sob a forma de reconhecimento, presentes, dinheiro, viagens etc.

Ao perceber que com esses dois clientes eu conseguiria atingir a cota todos os meses, então passei a prospectar novos clientes e novas vendas. Comecei então a atrair empresas de listas tidas como as mais lucrativas, além de criar uma base próspera de clientes para os quais eu vendia sempre. Com isso, minha renda, meu prestígio na empresa e a confiança em meu trabalho cresciam simultaneamente.

Algumas dicas para vender produtos que precisam de um técnico de sua empresa

Se você vende produtos que precisam ser instalados nas empresas de seus clientes e dependem do trabalho de seus técnicos para instalar e fazer a manutenção, preste bastante atenção neste capítulo.

À medida que as contas começaram a progredir, eu deixava meus clientes certos de que seus equipamentos teriam assistência de primeira mesmo que quebrassem, não importando as condições climáticas. Sim, pois no inverno as pessoas ficam gripadas e em épocas de chuva muitos não comparecem ao cliente com a desculpa dos alagamentos.

Fiquei amiga dos técnicos e perguntava o que era mais difícil para eles quando iam visitar os clientes, como eram tratados e o que eu poderia fazer para facilitar seu trabalho.

Somente o melhor profissional de vendas do escritório e eu nos importávamos com os técnicos. Quem você acha que recebia o melhor atendimento para os clientes? Quem você acha que nunca perdia uma conta e sempre ganhava viagens e bônus?

Lição: você deve ajudar aqueles que ajudam você.

Quando o melhor profissional de vendas percebeu que eu levava a sério o atendimento aos meus clientes e fazia o melhor para a empresa, confidenciou-me um segredo que melhorou ainda mais a minha capacidade de fornecer atendimento excepcional aos meus clientes.

O segredo do sucesso é dar um bônus, de seu próprio bolso, ao técnico que mais se dedica à conta.

Naquela época, os técnicos recebiam uma mixaria de salário. Havia certo ressentimento em relação aos representantes, que pareciam "ganhar rios de dinheiro".

Portanto, adotei o seguinte programa de bônus: para cada copiadora vendida (sem considerar o tamanho), eu pagava ao melhor técnico da conta um prêmio no valor de 100 dólares e para cada aparelho de fax, um prêmio no valor de 50 dólares.

O tamanho das máquinas não era importante, apesar de o lucro ser menor em máquinas menores. Com o tempo, tudo se equilibrava; o principal objetivo era ter certeza de que todos ficariam felizes.

Outra vantagem desse programa de bônus foi que, por determinação da gerência, todos os representantes deveriam ensinar os clientes a programar os aparelhos de fax. Eu não tinha a mínima habilidade para isso, pois considerava os aparelhos de fax muito complicados. Além disso, eu estava vendendo uma quantidade muito grande desses aparelhos e o treinamento me tomaria muito tempo.

Os técnicos eram tão gratos por receberem os bônus que me diziam para eu não me preocupar, pois eles mesmos ensinariam os clientes a usar os aparelhos de fax.

Os técnicos e eu nos tornamos ótimos amigos e meus clientes nos adoravam. Ao cuidar de todos, todos cuidavam de mim. Nessa época, eu enviava cestas de frutas ou levava bombons depois de uma venda, convidava clientes para almoçar e escrevia muitos, muitos cartões de agradecimento. Recebia prêmios, viagens e bônus em dinheiro.

Muitas vezes os clientes me abraçavam no fim de uma reunião. Um dia, o meu gerente se divertiu ao olhar pela janela do escritório e ver a minha cliente e eu entrando em uma loja de sapatos ali perto, depois de ela ter vindo ao nosso escritório para uma demonstração. Ele me disse que nunca tinha ouvido falar de uma vendedora indo às compras com o cliente!

O gerente e os vendedores não percebiam que éramos mulheres de negócios, mas também éramos amigas. Essa situação era comum com todos os meus clientes. Passei a conhecer Susana mais intimamente quando, durante as reuniões, soube de sua preocupação com a filha. Mais tarde, soube da alegria de Susana quando a filha se formou na universidade. Susana me confidenciou seus planos para a aposentadoria e a cidade escolhida para viver até o fim da vida. Nossas conversas eram muito confidenciais. Com o tempo, ficávamos felizes quando nos encontrávamos para trocar segredos e compartilhar nossos sonhos. Minha habilidade para construir relacionamentos possibilitou que eu fizesse muitos bons amigos, mesmo em um ambiente de negócios altamente competitivo.

Eu adorava o meu trabalho, os meus amigos e me divertia muito. Transformei uma terra seca em um solo rico para plantação. Foi o melhor emprego que tive em uma empresa.

Dicas de vendas da Vendedora Boazinha

1. Continue tentando.
2. Busque alternativas para atingir suas metas.
3. Se encontrar um método que funcione para você, continue com ele.
4. Se o seu método estiver funcionando, não deixe ninguém lhe dizer que está errada.
5. O primeiro passo é fazer relacionamentos sólidos e conquistar a confiança.
6. Se necessário, peça desculpas pelo comportamento anterior de outras pessoas.
7. Dê garantias ao seu cliente de estar oferecendo uma ação que reparará os erros do seu antecessor.
8. Preste atenção ao tempo que seu possível cliente tem.
9. Conheça as pessoas, uma por uma, cara a cara.

10. Procure conhecer as metas e necessidades de cada pessoa e atenda a elas sempre que possível.
11. Preste um serviço exemplar para seu cliente.
12. Tenha certeza de que cada uma das pessoas de sua equipe fornece o melhor serviço possível.
13. Defina contas para seu ganha-pão, mirando alcançar as metas que estabeleceu.

Busque e cuide de algumas contas cujos clientes, com o tempo, comprarão de você repetidas vezes. Seja justa no preço e preste um serviço excepcional. Faça isso para ter uma clientela regular que fará você atingir a cota ou meta mensal e ter uma renda estável. Usando o princípio de compra por volume (grandes quantidades), o preço para essas contas será menor que o preço para o cliente que compra uma vez só.

14. Acrescente lucro às suas vendas além das contas "ganha-pão".

Nas contas que:

- *Provavelmente seja efetuada apenas uma venda.*
- *Você oferece exatamente o que precisam.*
- *Os seus concorrentes não têm o que o possível cliente precisa.*

Você tem, então, a flexibilidade de cobrar mais do que cobraria se esperasse vendas repetidas e/ou muita concorrência. Para conseguir isso, você deve vender valor e serviço desde a primeira vez que entrar no escritório da empresa.

Boa impressão é a que fica, em todos os níveis

Quando você tem um cliente e o atende de maneira impecável, tem potencial para vender várias vezes e ganhar boas comissões. Esse é o método mais fácil e com o qual você gasta menos para conseguir negócios. Você fará tudo o que estiver ao seu alcance para que os clientes fiquem satisfeitos.

Ao vender juntando mais valor ao produto, ou seja, agregando valor em todo o ciclo de vendas e atendendo os clientes de maneira excepcional, você desenvolverá o que o consagrado escritor americano Ken Blanchard chamou de *fãs para o que der e vier*. Um contador me disse uma vez que conseguir um cliente novo custa mais ou menos seis vezes mais do que vender de novo para um cliente que já é seu. Quando entender essa fórmula, pode ter certeza de que você fará a sua gerência feliz e conseguirá os rendimentos desejados.

Para entender direitinho o que isso quer dizer, pense em um serviço com o qual você está acostumada a trabalhar. Quando preciso, por exemplo, enviar um buquê de flores para uma pessoa que está doente, lembro-me imediatamente daquela floricultura que faz o serviço muito bem.

Posso fazer o pedido pela internet ou pelo telefone e, para facilitar, tenho o telefone deles em um ímã de geladeira. As flores são de ótima qualidade e todas as cestas que enviei chegaram na hora e impecáveis. As pessoas sempre me agradecem e comentam sobre como os produtos são bons.

O valor agregado dessa empresa está no fim do pedido: *Para mostrar o nosso reconhecimento, gostaríamos de oferecer a você 20% de desconto em todos os produtos de nossa loja.*

Não é uma maravilha? Veja bem: eu posso contar com essa empresa para atender a mim e meus amigos e para entregar serviço de qualidade sempre. Todos os profissionais de vendas e empresários precisam fazer seu negócio chegar a esse nível de excelência.

A prova de fogo é perguntar a si mesma: *"Eu tiraria dinheiro do meu bolso para pagar pelo serviço oferecido por mim e minha empresa? Compensa?"*.

Se a resposta for "não", então pense no que precisa ser melhorado e trabalhe nisso até resolver o problema. A única maneira de ter sucesso em vendas é acreditar de verdade que você está oferecendo uma solução completa para o cliente.

Aqueles que julgam poder enganar o cliente devem pensar duas vezes. Os possíveis clientes estão mais bem informados que nunca e conseguem perceber se você está preocupada apenas com a sua comissão. A paixão e a convicção pelo que você faz devem estar no brilho de seus olhos.

Como aumentar sua fonte de informações

Apesar de ter seis contas muito boas, eu precisava de outras, para o caso de minhas vendas diminuírem por alguma razão (por exemplo, troca de pessoas na empresa-cliente, crise na economia ou mesmo fechamento de negócio). Observe que eu não considerei a possibilidade de a competição roubar meu cliente, porque eu nunca deixei isso acontecer.

Usando a técnica de *vender meu peixe* ao gerente, pedi permissão para contatar possíveis clientes em minha área de vendas. Para ele, eu era a *estrela de novela* e, uma vez que ninguém, nem sonhando, faria um pedido desses, o meu desejo foi atendido na hora.

Pertenciam à minha região empresas de biotecnologia e grandes parques industriais, entre outras. Comecei imediatamente a fazer contatos concentrando-me nas empresas maiores.

Quando trabalhei com essas empresas grandes aprendi muito sobre *venda estratégica*. Foi também nesse mercado que aperfeiçoei minhas técnicas de construção de relacionamentos. Em muitos momentos eu precisei equilibrar meu progresso nas metas de vendas e a manutenção do bom relacionamento com as pessoas da minha empresa.

Como parte da venda estratégica, organize para as possíveis novas contas uma estratégia com várias abordagens. Se, por exemplo, você tem certeza de que o seu produto será excelente para diversos departamentos, procure as pessoas mais influentes, encontre o que eu chamo de um "instrutor". Ele vai auxiliar você a vender para os outros chefes de departamento da empresa, desde que, claro, você o conquiste.

A minha abordagem era entrar em contato com todos os níveis da hierarquia ao mesmo tempo! Isso combinava a venda estratégica com o conceito de vender de cima para baixo, para evitar conflitos.

Para vender de cima para baixo é preciso começar por quem realmente decide, por exemplo, os diretores. Esse pessoal não tem tempo a perder e, portanto, as decisões são tomadas rapidamente.

No nível gerencial, pode ocorrer receio de tomar a decisão errada. Por isso, pode ser que os gerentes levem mais tempo para ter certeza de que tudo dará certo. O fato é que esses profissionais não querem, de jeito nenhum, passar a decisão para o nível superior por medo de perder o emprego. Começar pelo gerente de compras, portanto, produzirá um ciclo de vendas muito mais longo.

Eu tomei a decisão de começar pelos níveis superiores e ir descendo para os demais.

Se você de fato entrar em contato com o nível mais alto da hierarquia, poderá receber uma entre duas respostas. Se a primeira resposta for: "Sim, por favor, entre e fique à vontade. Estávamos esperando pelo seu contato", esteja preparada para falar sobre as principais competências de sua empresa e tudo o mais que for relevante para um CEO. Faça uma pesquisa. Existem matérias em revistas e na internet que mostram as preocupações e interesses de um diretor-presidente, vulgo CEO. Qualquer coisa que você possa falar que seja de interesse do CEO fará de você uma candidata muito provável.

Contudo, vamos botar o pé no chão. É muito pouco provável que o CEO esteja esperando a sua ligação. É mais provável que você ouça a segunda resposta: "Eu não cuido disso, você está falando com a pessoa errada".

Responda, na hora, algo parecido com:

– Então, por favor, diga-me quem é a pessoa que toma essa decisão e prometo nunca mais incomodá-lo!

Em seguida, ligue para a pessoa indicada e diga:

– Olá, o senhor Alcântara me indicou o seu nome. Ele disse que você é a melhor pessoa para me ajudar.

Ao usar o nome do principal diretor e dizer a essa pessoa que ela foi indicada como "a melhor pessoa para ajudá-la", geralmente a resposta é: "Quando você pode vir?".

Às vezes, pode não ser muito apropriado entrar em contato com a diretoria. De qualquer forma, eu ligaria para o alto executivo e diria o seguinte:

– A sua empresa tem um papel importante no seu setor. A empresa que eu represento também, em nosso setor. Tenho certeza de que podemos ajudar sua equipe a maximizar sua competência e trabalhar com mais eficiência. Meu nome é Elinor Stutz e trabalho para a Apples2Oranges Company. Estou pedindo apenas que me dê o nome da pessoa que toma essas decisões e prometo não incomodá-lo mais!

Bom humor sempre funcionou para mim.

O CEO pode achar engraçado, respirar fundo e depois, por não saber ao certo se eu sou uma acionista ou não, dar o nome da pessoa responsável.

O bom de usar esse método é que, ao falar com o gerente de compras, que talvez diga: "Sou eu que decido, portanto você não precisa incomodar mais ninguém", eu posso responder:

– Eu gostaria tanto de trabalhar com sua empresa que tomei a iniciativa de entrar em contato com o seu diretor executivo. Ele, muito gentilmente, indicou o nome do diretor de Tecnologia da Informação, com quem já marquei uma reunião. Espero que não se importe, pois gostaria muito de me reunir também com você para saber de suas prioridades com relação aos fornecedores.

Essa mensagem, além de informativa, é honesta. O gerente de compras agora sabe com quem entrei em contato e como direcionei as ligações em função da hierarquia da empresa.

Ao mesmo tempo, você viu como a afirmação anterior reconhece o gerente de compras como uma pessoa muito importante e o coloca no mesmo nível dos outros? Com isso eu mostro que as prioridades dele são importantes e serão atendidas. Você, então, poderá ser desculpada por não ter entrado em contato com ele primeiro.

É claro que alguns gerentes de compras podem ficar meio chateados por não terem sido contatados primeiro, porém é mais fácil conviver com esse aborrecimento do que permanecer num impasse em relação à conta. Essa abordagem nunca me impediu de prosseguir nem de conseguir a venda.

Em empresas médias e grandes é muito importante você colocar todos em perfeita sintonia para que compreendam a sua oferta. Ao conseguir um primeiro contato com alguém que pareça simpático e prestativo, pergunte se ele (ou ela) pode lhe apresentar todas as pessoas envolvidas no processo de decisão.

Faça de tudo para se encontrar com todos os mencionados e sempre mantenha o primeiro contato munida de informações sobre o que aconteceu nas reuniões. Envie breves resumos dos pontos mais importantes e uma nota de agradecimento por cada pessoa que lhe foi apresentada.

Quando a proposta estiver pronta para ser entregue, é bom que todos os envolvidos no processo de decisão estejam presentes na reunião final.

Siga em frente e procure realizar a reunião para descobrir os próximos passos no prosseguimento da venda e manter informado o alto executivo com o qual você entrou em contato primeiro.

Escreva uma breve nota agradecendo o executivo, mostrando que você aceitou a recomendação dada e que conseguiu êxito. Fale sobre o profissionalismo da reunião e do resultado final. Vá ainda mais longe e resuma um ou dois assuntos tratados que são mais relevantes. Isso levará o executivo a julgar que você é atenciosa, uma pessoa fácil de trabalhar e que pode ser uma futura fornecedora.

Você pode também dizer que será um prazer trabalhar com aquela empresa. Envie uma cópia a cada uma das pessoas com as quais se reuniu.

De maneira cordial, faça com que o seu contato tenha conhecimento de toda e qualquer comunicação efetuada com o CEO para evitar que pense que você o está passando para trás. Tome cuidado, porém, pois os contatos com os executivos devem ser os mais rápidos possíveis.

Uma boa ocasião para falar de novo com o CEO pode ser um convite para ele comparecer à sua apresentação final, mas primeiro você deve sugerir ao seu contato que gostaria de convidar também o CEO.

Se você iniciar a venda pelo gerente de compras, pode ser que nunca chegue ao topo da hierarquia nem descubra quais são as questões urgentes e no que estarão baseadas as determinações finais para você elaborar sua proposta de venda. É ruim passar por cima do gerente de compras se o ciclo de vendas for iniciado no nível gerencial. Observe: os diretores dão a aprovação final, mas baseiam-se nas opiniões e informações do gerente de compras. Portanto, se você ofender um gerente de compras, mesmo involuntariamente, tudo está acabado. Em grandes empresas, é essencial usar técnicas de construção de relacionamentos para ser agradável e atenciosa com todos.

Usei todas as estratégias que conhecia para atender à conta de uma empresa grande, conhecida por seus cartões de crédito. Fiz tudo o que descrevi acima. O gerente de compras apresentou tantas dificuldades que chegou quase a ponto de parecer um insulto. Se não fosse o fato de a conta ter tanto renome, eu talvez tivesse desistido. Mas queria, mais uma vez, poder dizer: "Eles são meus clientes".

Percebendo que depois de um ano não havia chegado a lugar nenhum, entrei em contato também com os executivos de níveis mais inferiores. A maioria dos diretores e gerentes do departamento local sabia quem eu era. Por sorte, os executivos estavam sediados em outro local e, portanto, pude entrar em contato com eles sem ofender o gerente de compras.

A minha gerência ficou impressionada ao ver aonde eu tinha conseguido chegar naquela conta. Eu tinha inclusive levado especialistas para conversar com os diretores mais importantes. Mas a assistente do gerente de compras ainda me impedia o acesso. Essa conta se tornou uma dor de cabeça, já que, até aquela data, era a única empresa na qual eu não conseguia acesso.

Senso de oportunidade é essencial. Durante esse processo no qual eu tentava todos os métodos imagináveis para chegar até a conta, a minha empresa anunciou que estava sendo comprada por uma empresa maior. Fiquei sabendo também que essa empresa compraria muitos dos nossos concorrentes menores. Para mim, isso significava que os concorrentes estavam se mudando para os nossos escritórios. O lado negativo disso foi que a equipe original percebeu que precisava trancar as gavetas das mesas e levar os arquivos importantes para casa todas as noites ou seria roubada pelos novos colegas, que invejavam os nossos rendimentos.

O lado positivo foi que uma das recém-chegadas era uma colega que representava uma outra linha de aparelhos de fax. Júlia vendia regularmente para a conta que eu tanto queria. Os contatos dela eram diferentes dos meus e eu tive de recuar para estudar com cuidado se o meu desejo de vender para aquela conta com a ajuda dela compensava a irritação e a suspeita crescente no escritório.

Em vez de evitar Júlia e todos os outros recém-chegados, como faziam os meus colegas, usei as minhas técnicas de construção de relacionamentos para fazer amizade. Percebi uma grande oportunidade e descrevi o meu plano a ela. Mais uma vez, eu trabalhava por uma solução pela qual todos seriam beneficiados, pois essa é uma maneira comprovada de motivar a outra pessoa.

Eu representava uma linha de impressoras e copiadoras razoavelmente caras e a minha empresa era conhecida por pagar excelentes comissões a quem vendesse essa linha. Ofereci a Júlia a metade da comissão se nós fechássemos a venda. Tudo o que ela precisava fazer para receber essa comissão era me apresentar às pessoas às quais ela já estava vendendo. Júlia reconheceu também uma oportunidade de ouro, pois a recompensa que receberia era infinitamente mais alta que qualquer outra comissão que já recebera. Viramos amigas.

Sempre existem exceções à regra quando estamos falando de vender para o nível mais alto da hierarquia da empresa. Apesar de quase sempre ser importante começar pelos níveis mais altos e trabalhar de cima para baixo, bem como vender estrategicamente, em raras ocasiões a pessoa que menos irá ajudá-la na hierarquia é exatamente aquela cujo voto tem mais valor. Essa é outra razão para não esquecer de mostrar respeito e dedicar igual atenção a todos.

Júlia me apresentou às pessoas da central de cópias da empresa. Certo dia, o gerente da central de cópias, que ficava no subsolo, falou-me a respeito de sua necessidade de um sistema de cópias coloridas.

Meus olhos cresceram. Esse simpático senhor estava descrevendo o equipamento maior, mais rápido e mais moderno que acabara de sair no mercado e nós éramos o único fornecedor capaz de oferecer o que ele acabara de descrever!

A notícia era ainda melhor. Apesar de o cliente preferir o fornecedor mais conhecido, o sistema do concorrente não era capaz de cumprir suas exigências, e nós podíamos.

Procure o "ponto fraco" do concorrente.

Quando digo "nós", quero dizer que, percebendo a grandeza e importância dessa venda, eu trouxe o representante do fabricante para me ajudar nos detalhes mais complicados. Ele trouxe credibilidade e valor a todo o processo de venda.

Melhor ainda, a minha empresa organizou um belo salão de exposições para demonstrar o equipamento. Foi uma oportunidade de mostrar aos possíveis clientes que a nossa empresa estava indo bem, organizando demonstrações em um famoso hotel da cidade. Tratamos os possíveis clientes com hospitalidade e oferecemos um coquetel enquanto testavam o nosso equipamento e conversavam com os executivos. O evento conseguiu reunir mais possíveis clientes do que uma demonstração no escritório teria conseguido.

Ao saber que eu iria receber essa empresa de cartão de crédito para a demonstração, toda a gerência compareceu ao evento. Pareciam pavões se exibindo quando entrei com o meu provável cliente, que depois confessou nunca ter recebido tratamento tão refinado.

Só um detalhe me enganou. Julguei uma pessoa de maneira errada e falei demais. Uma das instrutoras gostou de mim e ficamos amigas. Com o decorrer do tempo, contei a ela sobre a entrevista e a expressão "mas que m..." que ouvi do diretor naquela primeira entrevista. Ela morreu de rir.

Quando cheguei ao meio do saguão do hotel, o representante do fabricante acompanhou o meu cliente até o equipamento pelo qual estava interessado. Nesse momento, o diretor "mas que m..." me puxou para uma roda onde estavam dois vice-presidentes e a instrutora a quem eu tinha confidenciado sobre a entrevista e disse:

– Elinor, como é que você teve a coragem de dizer à instrutora que eu gritei com você durante uma entrevista e disse que o seu currículo era uma "uma m..."? Isso simplesmente não é verdade.

Vi o grupo de poderosos olhar para mim esperando por uma resposta. Olhando novamente o diretor que tinha me ofendido, respondi:

– Imaginem. Todos aqui me conhecem e aposto que nunca me ouviram falar desse jeito. Eu não uso essas expressões. Eu nem poderia ter inventado isso!

Todos concordaram com a cabeça. A instrutora olhou para ele e disse que podia até ouvi-lo falar daquele jeito. O rosto dele ficou completamente vermelho.

O seu vocabulário é exclusivamente seu e vai denunciá-la como aconteceu com ele.

Aquilo me fez ganhar o dia! E, o que foi ainda melhor, o meu possível cliente adorou o equipamento que estava em demonstração. Mais uma vez, assegurei que ele fosse bem tratado, respondendo atenciosamente a suas perguntas e tirando suas dúvidas. Apresentei a ele cada um dos executivos de minha empresa e verifiquei se estava sendo bem servido. Meu futuro cliente ficou maravilhado.

A assistente do gerente de compras da empresa de cartão de crédito sempre dificultou a minha vida. Ela realmente não gostava de mim, mas estava de férias na ocasião. Sua substituta temporária era uma pessoa encantadora que me enviou um cartão dizendo que estavam extremamente agradecidos pela atenção que eu havia dispensado ao funcionário deles. Oportunidade é fundamental!

Júlia e eu conseguimos colocar na central de cópias daquela empresa uma grande máquina de cópias que reproduzia. O contrato de serviços e suprimento de material aumentou muito o total da fatura.

Vencemos novamente o nosso concorrente mais renomado e em uma conta de grande prestígio. Dividir a comissão dessa venda me deixou extremamente feliz.

Júlia e eu nos saímos muito bem ao unir forças, pois eu não tinha o contato e ela não tinha o equipamento para vender. Nesse caso, a nossa parceria foi perfeita.

Recapitulando as estratégias de vendas da Vendedora Boazinha

- Trabalhe para fazer a sua gerência feliz.
- Mantenha-os a par das atividades em suas contas.
- Ofereça-se para fazer trabalho extra.
- Devolva os documentos rapidamente.
- Apresente à sua gerência os profissionais que tomam as decisões.
- Seja hábil na venda estratégica e na técnica de vender de cima para baixo (na vertical).

Dicas de vendas da Vendedora Boazinha

1. Implemente técnicas de venda estratégica e vertical.
2. Ligue para diversas pessoas da conta até encontrar quem lhe dê a entrada para a negociação.

3. Atenda os seus clientes e possíveis clientes de maneira apropriada.
4. Não faça intrigas.
5. Busque alianças dentro de sua empresa.
6. Agregue valor à venda durante todo o processo de negociação.
7. Agregue valor à pós-venda.
8. Defina uma meta para conseguir vendas repetidas e referências.
9. Leve felicidade ao seu escritório.

CAPÍTULO 9

A VENDEDORA QUE ACREDITA

Você se lembra do filme *Peter Pan*? Levando o assunto para vendas, a parte mais importante do filme é quando a fada Sininho está desmaiada e Peter, o garoto que não queria crescer, dizia:

– Bata palmas bem alto ou a Sininho vai morrer!

O filme nos mostra que quando alguém diz que não acredita em fadas, uma delas morre.

– Por favor, acredite de verdade; bata palmas mais alto ainda. Veja, Sininho está acordando!

É meio piegas, mas vai nos servir como exemplo. Você pode não acreditar, mas é dessa maneira que você deve ver o processo de vendas. Em particular, você deve ter essa mesma fé inabalável em si mesma e no produto ou serviço que está vendendo. Ou seja, você precisa acreditar.

Você sabe que tem a solução perfeita para o seu cliente, mas, aqui entre nós, isso não vai adiantar nada se não conseguir passar essa idéia ao seu possível cliente. Descubra como o seu cliente vai perceber isso em você.

Observações importantes:

- Se não acredita em si mesma, não será capaz de vender.

- É preciso acreditar no que está vendendo.
- Tenha integridade, do mesmo jeito que uma Garota Bacana – senão não terá nada para vender.

Quando cheguei à metade da minha carreira em vendas, praticamente a cidade inteira era minha cliente. Na época, a economia ia muito bem. Eu tinha feito amizade com cada gerente de departamento e cada gerente de compras. Eu conseguia mostrar a eles a necessidade de substituir aquelas copiadoras por modernas impressoras que ficavam ligadas umas com as outras, ou seja, em rede. Aos poucos, os departamentos foram se modernizando. Como consegui conquistar a confiança de cada um dos chefes de departamento e fazer a substituição das máquinas?

Trabalhando como uma Vendedora Boazinha, a minha primeira visita a cada um dos departamentos era só para me apresentar aos responsáveis pelas decisões. "Gostaria que você pudesse ligar o nome à pessoa", dizia ao telefonar para a pessoa pela primeira vez. Eu, na verdade, queria que o meu possível cliente soubesse quem eu era, não só por uma voz, mas também em carne e osso. O mais importante de tudo é que, ao chegar ao escritório do possível cliente, eu me oferecia para resolver todas as questões pendentes antes de começar uma nova venda. Eles não acreditavam no que ouviam e pediam que eu voltasse para uma outra reunião, assim estariam mais bem preparados.

Por que acontecia isso? Porque, novamente, era um modo de agir totalmente diferente do da maioria dos vendedores. Eles iam apenas para vender novos equipamentos, não queriam conhecer a pessoa que ocupava o cargo, muito menos saber se a própria empresa estava atendendo bem o cliente. O fato é que, de modo geral, os vendedores pensam apenas nas comissões. O cliente percebe essa falta de integridade. Esse caminho acaba sendo sempre um enorme erro.

Na segunda visita aos departamentos, fazia muitas perguntas. Eu precisava saber o que eles faziam, quais eram suas metas, se trabalhavam diariamente com outros departamentos e que tipo de documentos produziam. Perguntava, de novo, quais eram os problemas com o equipamento que eles estavam trabalhando para resolvê-los.

Pensar como uma Vendedora Boazinha significa procurar e resolver o problema, se ele existir. Os outros vendedores, porém, fogem dos problemas como o diabo foge da cruz, mesmo correndo o risco de perder uma venda. Para eles, problemas não existem. Ao reconhecer que a minha empresa não era perfeita, porém estávamos ali para ajudar a resolver qualquer coisa que não estivesse funcionado corretamente, eu me tornei uma heroína. A minha credibilidade e integridade estavam nas alturas. Eu não apenas usava daquela posição, como também percebi que os clientes nem falavam sobre a concorrência. Ser a Vendedora Boazinha fez com que as contas daquela cidade fossem todas minhas.

Resultado: meus clientes gostavam de mim, eles podiam ver que o meu interesse era legítimo e me respeitavam porque eu estava ali, acima de tudo, para resolver o problema deles, antes de tentar vender qualquer outra coisa. Eu era chamada para informá-los sobre as novas impressoras e a levar propostas. Mais uma vez, o sistema da Vendedora Boazinha produziu um efeito diferente do que todos estavam acostumados a ver. Em vez de eu precisar insistir para que um possível cliente aceitasse receber minha proposta, eles é que sempre me pediam para que eu, "por favor", entregasse uma. Por ser a Vendedora Boazinha e ter cultivado bons relacionamentos, eu sabia que meus possíveis clientes, em breve, seriam clientes de fato. A minha gerência adorava o fato de eu conseguir prever com precisão as vendas que seriam fechadas até o fim do mês e quais seriam as margens de lucro. Além disso, eu consegui diminuir o nível de estresse comparado com o de outros vendedores. Dia após dia, todos os departamentos substituíram os equipamentos, exceto um.

Sara, uma senhora muito simpática que estava prestes a se aposentar, era a única oponente à substituição do equipamento. Queria apenas "fazer o mesmo" tranqüilamente até o seu último dia no emprego. Apesar de ela não se interessar pelo novo equipamento, eu a visitava uma vez por mês, pois sabia que eu podia fazer com que Sara e toda a sua equipe economizassem todo o tempo que geralmente reclamavam faltar.

Eu precisava fazer alguma coisa para convencer Sara de que a nova impressora facilitaria a vida de todos! Finalmente, tive uma idéia digna de uma Vendedora Boazinha e disse a ela:

– Sara, é o seguinte: um outro escritório, que pertence a sua empresa, comprou o equipamento, ele fica pertinho, só dois quarteirões. Na semana que vem eu posso passar aí, pegá-la na hora do almoço, levando um sanduíche, claro, e dar um pulo lá contigo. Que tal? Eu prometo ficar de boca fechada, quero apenas que você mexa um pouco no equipamento e converse com as pessoas que trabalham com ele. Se mesmo assim você não tiver interesse, prometo não chateá-la mais com esse assunto.

Ah, dona Sara não acreditou que eu pudesse fazer uma oferta tão generosa. Aceitou a minha sugestão e eu a levei ao outro escritório. Por ser uma Vendedora Boazinha, cumpri o que prometi e não falei nada enquanto ela mexia no equipamento. Depois de meia hora ela me deu a seguinte resposta:

– Eu sou mesmo uma boba. Isso vai economizar muito tempo e eu poderei resolver as outras coisas que ficam acumuladas em minha mesa. Obrigada!

De volta ao escritório, Sara me pediu que preparasse a documentação não apenas para a impressora de rede, mas também para uma impressora colorida de mesa. De volta ao meu escritório, contei ao gerente sobre o ocorrido e ele disse:

– Não acredito. Eu vendia para Sara antes de você. Essa mulher é teimosa demais. Acabei desistindo!

Meu chefe, é claro, não era um Vendedor Bonzinho. Mais uma lição para você aprender: Vendedoras Boazinhas não desistem, pelo contrário, buscam uma alternativa melhor!

Certo dia, um cliente meu, o gerente de compras local que aprovava todas as compras de cada departamento, contou-me um segredo:

– Todos os dias eu recebo pelo menos três ligações de seus concorrentes. Eles me garantem que estou gastando muito com equipamentos de rede e dizem que podem me fazer economizar muito dinheiro. Mas, no fundo, sei que eu seria uma besta se aceitasse outra pessoa, pois tenho certeza de que você nos atende muito bem.

O gerente de compras confirmou a filosofia da Vendedora Boazinha – atenda seus clientes com um jeitinho excepcional, demonstre seu cuidado e será capaz de vender com margens de lucro mais altas. Essa filosofia faz parte da venda ideal, uma solução em que todos ganham e ficam felizes.

Primeiro, trabalhe para ser comunicativa e ter confiança.

O atendimento ao cliente afeta profundamente seus resultados.

Dicas de vendas da Vendedora Boazinha

1. Em qualquer ponto do ciclo de vendas, ofereça-se para resolver problemas, se necessário, antes de apresentar novos serviços. Esse é o passo mais importante, pois o cliente percebe que você tem credibilidade. Essa técnica certamente colocará a concorrência na defensiva ou poderá tirá-la da corrida totalmente.
2. Faça perguntas para determinar qual é o interesse dos clientes.

3. Mostre valor através de conhecimento, paciência e vontade de solucionar problemas. Esse ponto é muito importante. Em sua primeira reunião com o possível cliente, você precisa descobrir os problemas e os transtornos que eles causam para que ele tome a iniciativa de comprar o seu serviço. Um cliente pode ficar insatisfeito a qualquer momento. Quando o cliente perceber que você quer resolver o problema dele o mais rápido possível, você o manterá para sempre. Se resolver o problema de maneira fácil e rápida, o cliente dirá isso aos funcionários e você conseguirá vender várias vezes, além de obter referências e comentários favoráveis.
4. Faça o cliente dizer a você o que deseja.
5. Forneça o que o cliente deseja.
6. Deixe o cliente saber que ele sempre pode contar com você para dar acompanhamento.

Solucionar problemas é fator essencial para o seu sucesso.

Firmeza da Vendedora Boazinha

Um cliente, responsável pelo serviço de cópias de um grande escritório de advocacia, estava uma fera com o fraco desempenho do equipamento em seu escritório. Seu nome era Jaime e ele não queria que eu fosse até lá me apresentar como a nova representante da minha empresa. Na realidade, Jaime não queria mais saber da minha empresa. Fiz-lhe uma promessa: Não falaria sobre compras de novos equipamentos até que resolvêssemos todos os seus problemas. E cumpri minha palavra.

Em nossa primeira reunião eu disse:

– Estou aqui para resolver os problemas pendentes.

Irritado, ele apontou para a primeira máquina que a minha empresa lhe vendera e disse:

– Essa máquina de vocês nunca funcionou direito desde o primeiro dia, e eu fui ignorado.

Sorrindo, respondi:

– Isso é maravilhoso!

Jaime me olhou como se eu fosse louca, até que eu disse:

– Esse equipamento não é nosso, é do nosso concorrente!

Jaime continuou apontando ao redor da sala para todos os equipamentos com problemas e a cada vez eu sorria mais ainda.

Todos os problemas apontados referiam-se a equipamentos do nosso concorrente. Se eu não tivesse me prontificado a descobrir a verdade e insistido em vender novos produtos teria perdido um novo negócio. Recebi então o sinal verde, não apenas para dar andamento a uma nova venda e bolar uma proposta para novos equipamentos, mas a minha empresa passou a ser considerada de modo muito favorável.

Conclusão

Trate as objeções de seus possíveis clientes com interesse verdadeiro. Resolver problemas de maneira inteligente vai lhe render clientes para o resto da vida e, provavelmente, as queridas referências. Poucas empresas hoje agem rapidamente e com integridade. Se você agir assim, será reconhecida enquanto segue tranqüilamente em direção ao sucesso em vendas!

CAPÍTULO 10

MANEIRAS CRIATIVAS DE APROXIMAR-SE DE UM POSSÍVEL CLIENTE

Algumas definições:

Contato de apresentação (*cold call*): entrar em contato com uma pessoa que você não conhece, pessoalmente ou por telefone, para se apresentar e solicitar uma reunião.

Contato com indicação (*warm call*): entrar em contato com uma pessoa que você conhece ou que lhe foi indicada e solicitar uma reunião.

Posição intermediária entre contato de apresentação e contato com indicação: você deve ter percebido que é muito mais fácil fazer um contato com indicação. É necessário, portanto, o máximo conhecimento para transformar um contato de apresentação em um contato com indicação. No mínimo, é bom começar de uma posição intermediária. Neste capítulo você encontrará sugestões de como iniciar novos telefonemas na posição intermediária.

Em campo

Essa é uma das formas mais antigas de contato de apresentação. Fique atenta aos parques e distritos industriais que pareçam prósperos e procure coisas óbvias como carros nos estacionamentos e luzes acesas nos escritórios.

Devido a problemas de segurança, poucos prédios atualmente são acessíveis para contatos de apresentação, principalmente nas grandes cidades. As idéias abaixo poderão ser utilizadas em locais mais calmos, cuja segurança não seja tão rígida e as pessoas circulem livremente.

Enquanto você analisa o local, observe fumantes e entregadores do lado de fora do prédio. Em geral, eles costumam responder a perguntas sobre a empresa e podem até dizer quem são as pessoas que tomam as decisões.

Quando comecei minha carreira em vendas, ficava horrorizada ao me imaginar entrando em um escritório sem ser anunciada e interromper o trabalho dos funcionários para fazer perguntas. E, o que era pior, todos os escritórios tinham placas em que se lia "Não entre sem ser convidado".

Em meu primeiro dia em campo, encontrei apenas alguns escritórios sem essa placa. Quando retornei ao meu escritório, tinha apenas dois cartões de visita para mostrar ao gerente. Ele morreu de rir quando tentei explicar, falando sobre as placas de "Não entre sem ser convidado". É claro que todos os homens se uniram a ele para mostrar que uma Vendedora Boazinha era incapaz de vender. Tive de aceitar o fato: precisava ignorar as placas. Por ser uma Vendedora Boazinha e não querer ofender ninguém, essa mudança de comportamento era muito difícil e assustadora para mim.

Essa visão se transformou quando um instrutor sugeriu que mudássemos o nosso ponto de vista. O contato de apresentação deveria ser como um concurso, no qual ganha quem descobre primeiro "O que está por trás da porta secreta". Quando mudei meu modo de pensar e visualizei o contato de apresentação como um jogo, uma brincadeira, passei a esperar com prazer por isso todos os dias.

Em casos assim, atitude é tudo!

Os contatos de apresentação tornaram-se divertidos e bons motivos para sair do escritório. Para alcançar meu objetivo, bancava a detetive procurando pistas atrás de cada porta de escritório. Repito: mudar a sua forma de pensar funciona mesmo.

Nessa época eu já havia descoberto que em edifícios altos é melhor começar pelo andar de cima, longe da gerência patrimonial (são os responsáveis pelo prédio da empresa, eles detestam vendedores) e da segurança. Uma vez dentro de um escritório, conseguia rapidamente e de maneira profissional e discreta as informações de que eu precisava e, em seguida, deixava o local. Somente uma vez, em dez anos fazendo contatos de apresentação, fui convidada a não voltar mais ali ou eles chamariam a polícia.

Dica

Um gerente de vendas, cujo conhecimento eu admirava, não concordava com meu método para contatos de apresentação. Ele achava que eu não deveria só deixar cartões na recepção, precisava também deixar folhetos e prospectos com informações da minha empresa.

A minha opinião de Vendedora Boazinha é diferente. Eu penso que quando faço um contato de apresentação estou atrapalhando as pessoas do escritório. Portanto o pessoal da recepção não vai gostar de trabalhar para mim passando para os outros os meus folhetos.

Lembre-se também de que você não é a única a pedir esse tipo de coisa. Pessoas como você aparecem todos os dias e pode até ser embaraçoso para eles ficar entregando o seu cartão a quem você quer. E,o que é pior, você se assemelha a todos os que pedem para você fazer o mesmo trabalho inconveniente. A melhor estratégia é se destacar de todos logo no início da venda.

Destaque-se.

A Vendedora Boazinha acredita que é necessário tratar a todos com o mesmo respeito, pois todas as pessoas de uma empresa podem ajudar ou atrapalhar a realização de uma venda.

Se você não ficar pedindo favores, for educada e direta, é mais provável que consiga ir em frente. Por tratar os profissionais da recepção com respeito consegui, com muito sucesso, que eles me ajudassem em futuros contatos. A maneira mais fácil e cordial de conseguir a ajuda do pessoal administrativo é se apresentar educadamente e perguntar o nome da pessoa. Dali em diante, chame-a pelo nome. Perguntar o nome é um gesto muito pequeno, mas o resultado é um belo sorriso. Desse momento em diante, pode esperar ajuda. A maioria dos vendedores não dá importância a isso, a menos que encontre uma recepcionista "bonitinha". Eu sempre me mostrei atenciosamente agradecida por cada pedacinho de ajuda que me davam, como, por exemplo, o nome da pessoa certa para que eu entrasse em contato. As pessoas da recepção sempre me colocam em contato com a pessoa recomendada, ao passo que os concorrentes desistem frustrados por não conseguirem chegar até eles.

Agora, outro exemplo de como é preciso conhecer o território. Algumas empresas especializadas em determinados serviços ou que fabricam um produto específico se instalam em locais próximos. Por exemplo, na cidade de São Paulo, na rua Santa Ifigênia (e adjacências) estão instaladas várias lojas que vendem todo tipo de material elétrico. Se você trabalhar com esse tipo de mercado, certamente deve visitar cada uma das lojas dessa rua.

Como uma boa Vendedora Boazinha, você precisa saber as regras para acessar essas empresas:

- Seja rápida, atrapalhando o mínimo possível.
- Pergunte: "Será que você poderia me ajudar?". Raramente a outra pessoa recebendo dirá "Não".

- Informe-se sobre o responsável pela empresa.
- Certifique-se de perguntar e anotar o nome da pessoa que a atendeu. Essa pessoa pode ser a(o) esposa(o) do(a) CEO. Oitenta por cento dos vendedores não parecem dar importância a isso. Se a sua concorrência trata as pessoas da recepção como funcionários de nível inferior, sem nenhuma importância, enfrentará dificuldades para conseguir agendar uma reunião.
- Use o nome da pessoa que a atendeu (a recepcionista, por exemplo) ao agradecer pela ajuda. Avise que entrará em contato em breve e saia. Depois da visita, quando ligar para o escritório da pessoa que lhe foi indicada, lembre-se de cumprimentar a pessoa que a atendeu usando o nome dela. Ajude a pessoa a lembrar-se que você esteve recentemente no escritório, que está seguindo a indicação e agradeça novamente pelo auxílio.

O profissional na recepção é o "vigia", mas a colocará em contato com a pessoa indicada porque você é simpática e parece e age como uma Vendedora Boazinha.

Ao telefone

O seu humor é percebido do outro lado da linha. Se você está deprimida, insegura, não fale ao telefone. Espere até seu humor melhorar.

Se não sabe o que falar, ou como vai falar por ser novata, há outra maneira de parecer positiva e segura. Ficar de pé enquanto fala ao telefone ajuda a deixar sua voz mais segura; um sorriso nos lábios realça a sua simpatia ao telefone. Alguns vendedores se olham no espelho quando estão ao telefone, para não se esquecerem de sorrir.

Uma das melhores ocasiões para fazer telefonemas difíceis é logo depois da malhação. A adrenalina ainda está fluindo e isso vai fazer com que pareça mais animada. Outra ocasião é logo depois de fechar um bom negócio, ou depois de receber uma notícia boa, ou mesmo depois de um telefonema bem-humorado de um amigo ou cliente.

Você vai transmitir uma ótima energia para o outro lado da linha e suas chances de conseguir marcar uma reunião serão bem maiores!

Se você está no início do ciclo de vendas por telefone com uma pessoa da recepção, apresente-se, diga por que está ligando e pergunte o nome da pessoa. Depois pergunte:

– Você pode me informar quem é o responsável pelas decisões no...?

E:

–Você pode transferir a ligação para ele(ela)?

Agora que você já possui o nome da pessoa a quem ligar, o que me diz?

- Você já fez a sua lição de casa?
- Sabe alguma coisa sobre a empresa, seus concorrentes ou setor?
- Pensou nos problemas que seu possível cliente pode estar tendo e em como o produto que você vende pode lhe trazer benefícios?

Lembre-se de prestar muita atenção quando a pessoa do outro lado pegar o telefone e falar o nome dela, para que possa repeti-lo corretamente. Por exemplo, se disserem para você ligar para Alberto Soares, mas você ouvir:

– Aqui é o Beto.

Você deve imediatamente responder:

– "Olá Beto" ou "Oi Beto".

Esse é momento que faz a diferença. Sua empresa pode conseguir marcar a reunião, apesar de o fornecedor atual ser uma empresa maior.

Esse é o ponto exato em que você precisa se destacar para conseguir ter acesso à conta.

Não diga seu nome, e sim faça uma pergunta.

Uma possível pergunta para vários setores diferentes pode ser:

– O seu fornecedor está muito longe de você?

Em seguida:

– O que você acha melhor? Um fornecedor prestando um serviço de qualidade aqui, pertinho de você, ou um outro, que está longe, muito longe?

Ou

– Seu fornecedor está a muitos quilômetros de distância e parece nem conhecer você?

Seguida por:

- (se a resposta for "Sim")

– E isso está lhe causando um monte de problemas, não é?

- (se a resposta for "Não")

–Você gostaria de receber mais atenção de seu fornecedor?

A mente da outra pessoa fica pensando em uma resposta para a sua pergunta enquanto você diz o seu nome e o de sua empresa. A pergunta dá início a uma breve conversa. A resposta é espontânea e honesta porque o seu futuro cliente está desarmado.

Então, enquanto você se apresenta, pode prosseguir dizendo:

– Podemos prestar um serviço personalizado. Seria um imenso prazer ir a sua empresa para ver como podemos acabar com sua frustração em relação a serviços. Pode ser na próxima terça ou quinta-feira – qual dia é melhor para você?

Quando retornar ao escritório, chame a pessoa da recepção pelo nome e agradeça por tê-la ajudado a marcar a reunião.

Sua habilidade auditiva deve ser muito aguçada para obter sucesso pelo telefone. Nessa prática entra novamente a filosofia da Vendedora Boazinha para avançar no ciclo de vendas. Você precisa estar atenta para perceber se a pessoa que está atendendo o telefone está fazendo mil e uma coisas ao mesmo tempo. Se a pessoa do outro lado parecer agitada, mostre que percebeu isso e pergunte:

– Você pode falar agora?

Se a resposta for:

– Não, não posso.

Então pergunte:

– A que horas eu posso ligar novamente?

Anote a hora e a data que a pessoa lhe falou juntamente com a data e a hora da primeira chamada. Da próxima vez que ligar, lembre a pessoa que no dia X ela pediu que você ligasse nessa data e hora específicas. A pessoa, então, obriga-se a falar com você.

Use as mensagens telefônicas a seu favor

Ao deixar uma mensagem na caixa postal, é muito importante dizer seu número de telefone logo no início da mensagem e novamente no final. Há três razões para isso:

1. As pessoas são ocupadas e podem não querer ouvir a mensagem até o fim. Deixando o seu número logo no início, será fácil pegá-lo.
2. Às vezes, as mensagens não ficam bem gravadas. Ao dizer seu número duas vezes, vai ser muito difícil ele não ficar gravado.

3. Ao deixar o número no final, a pessoa não precisará ouvir toda a mensagem novamente para conseguir o número completo.

OBSERVAÇÃO: Se, por causa de sua ansiedade você esquecer de falar o número no início da mensagem, a melhor coisa a fazer é deixar o número duas vezes seguidas, no meio ou no final, assim:

– ...Você pode me encontrar no número (17) 615-6887. Novamente, o número é (17) 615-6887.

Deixar uma mensagem por telefone é uma ferramenta excelente se você não quer se demorar na conversa, mas precisa confirmar uma solicitação do cliente ou do possível cliente. No geral, segundas-feiras pela manhã e sextas-feiras à tarde são as melhores horas para se deixar uma mensagem.

Por falta de tempo, os profissionais não se dão mais ao luxo de retornar as ligações. Assim, a menos que consiga encontrar a pessoa em sua mesa, você terá de continuar telefonando ou deixar um outro recado na caixa postal, de um modo diferente.

Mande também um e-mail para dar mais ênfase e efeito

Se o assunto da mensagem é uma data que estou tentando marcar, digo:

– Vou enviar esta mensagem também por e-mail, talvez fique mais fácil para você responder.

Imediatamente vou até o computador e digito uma mensagem igual à do telefone. No "assunto" falo sobre o telefonema. Também peço que o possível cliente decida a data e a hora para uma possível reunião e eu as confirmo depois de sua resposta. A mensagem deve ser curta!

Você descobrirá que o método da Vendedora Boazinha de mostrar ao cliente minha percepção de que ele não tem tempo, ou seja, o fato de demonstrar que estou pensando mais nele do que em mim produz excelentes resultados.

Os clientes gostam de seu cuidado ao enviar um e-mail repetindo a mensagem enviada por telefone para facilitar.

Sempre recebi uma resposta quando usei essa estratégia.

Recentemente, vários possíveis clientes me pediram que ligasse para marcar datas de reuniões. Telefonei uma, duas, até mesmo três vezes, mas nunca consegui resposta.

Após a terceira mensagem na caixa postal, enviei uma mensagem curta por e-mail. As respostas vieram quase imediatamente com uma sugestão de data para a reunião. Além disso, esses possíveis clientes me *agradeceram* pela simpática persistência!

Só é preciso atentar para um ponto: todos nós já ficamos muito envergonhados pelos erros de ortografia nos e-mails. Por isso, tenha muita atenção quando você enviar os seus. Minha sugestão é que você digite o e-mail e use o corretor ortográfico, mas não envie a mensagem na hora. Vá tomar um café, um chá, para dar um tempo.

Ao retornar para sua mesa, leia o e-mail em voz alta. Essa técnica irá ajudá-la a perceber se esqueceu alguma palavra, se as frases estão bem-feitas e se as palavras estão escritas de maneira correta. Verifique se os arquivos estão devidamente anexados e se o nome do destinatário está correto. Revisar o e-mail antes de enviá-lo pode evitar constrangimentos.

Dicas para descobrir endereços de e-mail

Por um tempo, tive de agüentar as vendas internas. Para quem saía todo dia a campo, eu vi que ficar sentada em um lugarzinho pequeno por todo o dia era muito chato.

Com o tempo, endereços de e-mail tornaram-se segredos muito bem guardados. Pelo tom de voz dos recepcionistas, era como se eu estivesse pedindo a senha de um cofre. Como é que eu poderia entrar em contato com as pessoas certas, se elas não atendiam o telefone e não forneciam seu endereço de e-mail?

Lembre-se: use a criatividade a fim de buscar outras formas de conseguir as informações de que precisa para fazer sua venda. O primeiro lugar e o mais óbvio para descobrir endereços de e-mail é no site das grandes empresas. Procure a página da diretoria. Muitas vezes os endereços de e-mail são incluídos ao lado da foto de cada diretor. As empresas costumam fazer o mesmo com os e-mails dos outros funcionários. Se, portanto, o endereço de e-mail de um diretor for marcos.valin@minhaempresa.com.br, é muito provável que o endereço de e-mail de seu contato seja regina.machado@minhaempresa.com.br.

Lá fui eu tornar a busca por endereços de e-mail uma diversão. Comecei um jogo que chamei de "adivinhe o endereço de e-mail" para as empresas que não incluíam no site os diretores e seus endereços. Percebi que, em geral, os homens se referem uns aos outros pelo sobrenome, ao passo que as mulheres pelo primeiro nome. Portanto, nos endereços de e-mail é possível que o jogo seja o mesmo.

Em minha pesquisa, descobri que, na maioria das vezes, as mulheres adotam um endereço de e-mail no qual aparece o primeiro nome seguido de @ e o nome da empresa, como em regina@minhaempresa.com.br. Acrescentam também uma inicial depois do primeiro nome ficando então: reginam@minhaempresa.com.br. Às vezes, as mulheres usam tanto o primeiro nome como o sobrenome, juntos ou separados por um ponto ou *underline* (aquele tracinho baixo).

Por outro lado, é mais comum os homens usarem o sobrenome, @ e empresa (valin@minhaempresa.com.br) e em segundo lugar a inicial do primeiro nome, seguida pelo sobrenome (mvalin@minhaempresa.com.br). Depois dessas duas escolhas, os endereços de e-mail seguirão o mesmo caminho dos endereços de e-mail das mulheres, uma combinação do primeiro nome e sobrenome separados por um ponto ou *underline*, como por exemplo, marcos.valin@minhaempresa.com.br ou marcos_valin@minhaempresa.com.br.

A graça de tudo isso é que, apesar de existirem cinco combinações diferentes que você pode tentar, são necessários apenas alguns minutos para descobrir qual é a correta. Endereços incorretos geralmente retornam na hora, portanto, rapidamente é possível saber se uma mensagem foi entregue. Certifique-se de tentar um endereço de cada vez, caso mais de um endereço esteja correto. Uma Vendedora Boazinha não quer ser tachada como uma pessoa que envia *spams*!

Se você tem uma mensagem importante para enviar, certamente vale o esforço de testar as possíveis variações de endereços de e-mail.

Visitas em campo no fim do ano

A época das festas de fim de ano é a melhor ocasião para visitar clientes e possíveis clientes. Sem dúvida esse período é o melhor para colocar em funcionamento a sua habilidade de relacionamento em vendas. Quase todos estão em clima de festa e, se tratados corretamente, fornecerão todas as informações de que você precisa.

Há alguns anos, havia concluído com sucesso uma venda para uma conta de uma empresa do ramo aeroespacial, na qual meus clientes eram pessoas muito agradáveis. Com o tempo, ficamos amigos e passamos a nos conhecer muito bem. Sempre colocando os interesses dos meus clientes em primeiro lugar, consegui vender para eles várias e várias vezes.

Dois anos mais tarde, mudei de emprego e, portanto, de área de cobertura. Para minha satisfação, outra fábrica da mesma empresa ficava em minha nova área. Mal podia esperar pela visita a essa nova fábrica e mostrar a eles que já conhecia a empresa.

Para o meu desalento, as duas fábricas eram muito diferentes. O meu alvo era protegido por um segurança nada amistoso.

A minha gerência sabia que essa fábrica estava na área atendida por mim. Eu não podia dizer a eles que estava com medo do segurança! Fiquei sem saber direito o que fazer.

Passou-se um tempo e chegou a primavera. Comprei uma caixa de bombons. Todos os anos, na chegada da primavera, eu oferecia chocolate aos recepcionistas de cada um dos escritórios que visitava para desejar a eles uma boa entrada de primavera (lembre-se de que eu era conhecida como "trator"!).

No primeiro dia da primavera, aproximei-me da fábrica e estacionei. Durante dez minutos, fiquei pensando se era seguro sair do carro e cumprimentar o segurança.

Morrendo de medo, abri a porta do carro, peguei um bombom e, em câmera lenta, aproximei-me da porta da fábrica. Ainda com medo, em vez de chegar até a mesa do segurança, fiquei de pé na porta e joguei o bombom em sua direção como se ele fosse um bicho dentro de uma jaula. Ao mesmo tempo, gritei: "É primavera!".

Naquele mesmo instante, ele agiu de um modo estranho. Aquele segurança, que tanto me amedrontava, tinha lágrimas escorrendo pelo rosto. Isso mesmo, ele estava chorando!

Por entre soluços, o segurança conseguiu dizer:

– Nunca ninguém me deu nada. Muito obrigado!

Depois de se recompor, continuou:

– Eu sei o que você quer. Os nomes da chefia, não é? Faça o seguinte: leve o meu caderno para o banheiro, mas não deixe ninguém ver. Nele tem o nome de todos. Pegue o que você quiser.

Aleluia! Satisfeita, levei o caderno do segurança para o banheiro, tranquei a porta e anotei todos os nomes que encontrei. Depois de devolver o caderno, fui até o carro pegar outros bombons, entreguei-os ao segurança e agradeci novamente.

Alguma dúvida sobre essa venda? Os contatos do outro lado da linha ficaram muito surpresos por eu ter conseguido chegar até eles; concluíram que eu devia ser muito boa! Fui calorosamente recebida.

A filosofia da Vendedora Boazinha lembra que, apesar de os funcionários da empresa ocuparem cargos diferentes, a decisão está nas mãos de todos eles. Trate a todos com o mesmo respeito.

Mala direta diferente

O último método para obter acesso a novas contas é enviar mala direta que chame atenção. Para listas grandes o correio fica caro, portanto sugiro essa estratégia somente se o custo ficar por conta de sua empresa.

Por outro lado, se ainda assim você quiser enviar mala direta a seus clientes e possíveis clientes, certamente é valido, contanto que você consiga chamar a atenção deles.

Para ter certeza de que o seu contato abrirá a mala direta, o envelope deve ter a aparência de uma correspondência pessoal, senão será simplesmente jogado fora. Existem diversas maneiras de fazer isso:

- Em vez de envelopes pardos, use envelopes brancos.
- Compre selos divertidos, ou cole alguma figurinha bacana. Existem vários tipos nas papelarias.
- Enderece-os à mão.
- Escreva também à mão o endereço do remetente, com seu nome completo, sem o nome de sua empresa.

Quando compreendi o processo que acabei de descrever, as minhas malas diretas passaram a ser sempre lidas e raramente retornavam. Na verdade, as pessoas agradeciam pela mala direta que era enviada mensalmente, pois sempre divertia os clientes potenciais.

Dois tipos de mala direta me vêm à cabeça quando escrevo sobre isso. Mensalmente, envie um cartão-postal engraçado (que não seja ofensivo) com uma mensagem apropriada. Um dos cartões que enviei tinha a imagem de uma pessoa sendo muito bem-cuidada em um salão de beleza, por várias outras. Cada uma delas fazia uma coisa pela cliente, que estava sentada confortavelmente lendo uma revista: uma arrumava o seu cabelo, outra lixava as unhas, outra fazia uma massagem.

A minha mensagem dizia: "Para nós, você é nossa majestade".

Outro cartão tinha um caminhão no topo de uma enorme árvore. Dizia o seguinte: "Estabeleça as mais altas metas".

Costumava enviar esse tipo de mala direta uma vez por mês, durante três meses seguidos, para os mesmos contatos. Enviava 400 cartões por mês. Depois que as três malas diretas eram recebidas, eu entrava em contato para marcar uma reunião. A essa altura, o que eu ouvia era o seguinte:

– Pode dar um pulinho aqui, por favor. Estou curioso para conhecer a pessoa que tem enviado esses cartões.

Ao entrar nos escritórios, podia ver os três cartões pendurados na parede da sala. Naturalmente, as malas diretas mensais continuaram. Além de me ajudarem a marcar as reuniões, era uma maneira inteligente e discreta de manter o meu nome sempre à frente de quem decidia. Os meus concorrentes odiavam a minha estratégia.

Uma cliente orgulhosamente exibiu um ano inteiro das minhas malas diretas na parede de seu escritório. Disse para mim que, na verdade, trazia todos os seus visitantes para ver os inteligentes cartões e até sugeriu que eu estava na carreira errada. Disse-me que eu devia trabalhar com marketing.

O outro sistema é escrever à mão, de maneira legível, um cartão com apenas uma pergunta sobre a empresa do cliente e que esteja ligado com o que você vende. Se, por exemplo, você vende serviços de RH, pode enviar um cartão por semana, cada um deles com uma pergunta diferente:

"Você está encontrando dificuldades para administrar benefícios?".

"Você está tendo problemas com rotatividade de pessoal?".

"Você está enfrentando desafios administrativos e sendo obrigado a considerar a possibilidade de uma mudança?".

Você inclui seu nome e o nome de sua empresa logo abaixo da pergunta. Depois que o terceiro cartão for recebido, ligue para o futuro cliente, faça outra pergunta e se apresente.

Esse tipo de criatividade é original para o possível cliente. Além disso, aposto que muitos clientes potenciais vão associar seu trabalho de tentar chamar a atenção deles à possibilidade de você prestar atenção aos detalhes quando estiver na empresa. Esse ponto reflete a filosofia da Vendedora Boazinha: mostrar que você se importa com os negócios de seu futuro cliente.

Esses métodos certamente aumentam o interesse dos clientes por você e sua empresa, chegando a permiti-la apresentar-se para a primeira reunião.

Dicas de vendas da Vendedora Boazinha

1. Trabalhe seus pontos fracos até que se transformem em pontos fortes.
2. Torne-se uma vendedora forte em todas as frentes.
3. Ao fazer contatos de apresentação seja rápida.
4. Procure parques industriais prósperos, com estacionamentos lotados.

5. Fique longe dos escritórios dos responsáveis pelo prédio.
6. Pesquise sobre a empresa antes de entrar em contato.
7. Ao falar com a pessoa por telefone diga que visitou o site da empresa.
8. Mostre credibilidade já no primeiro contato por telefone.
9. Fique atenta ao que diz e elimine os "humm, hã" e outros vícios de linguagem.
10. Faça uma pergunta interessante ao possível cliente e depois se apresente enquanto o cliente pensa em uma resposta para a sua pergunta.
11. Aguce a sua habilidade auditiva para captar informações transmitidas pela voz, como estresse, por exemplo.
12. Dirija-se à pessoa pelo nome assim que ela atender o telefone.
13. Respeito com relação ao tempo do cliente será bastante apreciado.
14. Envie breves mensagens por e-mail, repetindo as mensagens deixadas por telefone.
15. Ligue durante a semana, às segundas-feiras pela manhã e às sextas-feiras à tarde, se a intenção for deixar uma mensagem.
16. Ao deixar uma mensagem, repita duas vezes o número de seu telefone, de preferência no início e no fim da mensagem.
17. As mensagens devem mostrar "o que é importante para eles" a fim de encorajá-los a retornar a ligação.
18. Telefone para os responsáveis pela decisão antes das 8 horas, no horário de almoço e depois das 17 horas – quando os "vigias" estão fora.
19. Ligue para o diretor que ocupa o mais alto cargo possível.
20. Seja sempre muito educada.
21. Visite as empresas na época das festas.
22. Agrade aos seguranças e recepcionistas com bombons.

23. Em cada uma das etapas, agregue valor ao que você vende.
24. Nas malas diretas, use temas inteligentes para chamar atenção.
25. Peça para agendar a reunião.
26. Faça as ligações quando estiver contente, pois a energia é transmitida para o outro lado da linha.
27. Faça o ciclo de vendas avançar.

Conselhos finais

Pense na tarefa de que você menos gosta ou a que mais a apavora. Pois bem, é isso o que você precisa praticar até perder o medo, ou aprender a ter prazer!

Deixe diversos tipos de mensagens a fim de descobrir a mais eficaz; pratique o contato de apresentação; treine as conversas que terá com o nível executivo das organizações.

Ao treinar, você fortalece as habilidades mais fracas. À medida que você fortalece todos os pontos de suas tarefas de vendas, você se torna uma vendedora completa e imbatível.

Com o devido zelo, você verá a sua concorrência desaparecer, aumentará sua capacidade de vender com mais lucro e vender será muito mais divertido.

CAPÍTULO 11

FORTALEÇA SUA REDE DE RELACIONAMENTOS

Uma rede de relacionamentos é um grupo de pessoas que tem interesses comuns. Por exemplo, uma reunião mensal de grupos de mulheres que vendam perfumes de porta em porta. Ou um encontro anual de advogados regionais que discutem os principais problemas e estudam possíveis soluções para eles, além de trocar experiências. O ditado é velho, mas funciona: a união faz a força.

Se você está empregada e tem definida a sua área de atuação, então sabe onde os clientes estão e quem deve ser contatado. Contudo, talvez você queira desenvolver ainda mais a sua rede de relacionamentos e sua base de referências.

O primeiro passo a ser dado é determinar qual o seu nicho de mercado, ou seja, saber exatamente o que você pode vender e reconhecer que nem todos serão seus clientes, pois alguns deles não têm relação nenhuma com o que você está vendendo.

Assim, para aumentar as suas chances será preciso conhecer o maior número de possíveis clientes em um determinado local. Será preciso descobrir onde é mais provável que o seu público se reúna e comparecer a esses eventos. A oportunidade é a essência de tudo.

Se você já possui clientes, pergunte a eles onde se encontram para falar de negócios

Antes de se associar a um grupo, pergunte se é possível fazer uma visita e quantas vezes você pode comparecer como convidada antes de se associar. Analise bem se o grupo se adapta às suas necessidades e se, por outro lado, você pode lhe dar contribuições.

Ao longo dos anos, visitei vários grupos. Nenhum deles me pareceu ser o local perfeito. Só recentemente encontrei um grupo bastante ativo no qual muitas das empresas participantes complementam a minha. Outra coisa boa desse grupo é que passamos a nos conhecer bem e muitas de nós somos amigas agora.

Cada passo dado deve ser benéfico para todos para que seja possível continuar.

Certa vez recebi um artigo chamado "Rede de relacionamentos instantânea". Era uma versão divertida do conceito de rede de relacionamentos. Dizia para você, sem pensar muito, telefonar para vários colegas e pedir a eles que também telefonassem para vários associados convidando-os para uma festa instantânea a fim de formar uma rede de relacionamentos.

Se você fizer isso, é muito provável que convide as pessoas de que gosta. Da mesma forma, os outros também convidarão as pessoas de que gostam. Estatisticamente, esse grupo será mais caloroso e você poderá até fazer novas amizades.

Enviando mensagens de marketing

Ensaie o que vai dizer antes do próximo encontro de rede de relacionamentos. Cada palavra dita é uma mensagem de marketing, ou seja, uma propaganda que você estará fazendo sobre você e sobre o que faz.

Digite ou escreva o que você diz, revise, repita em voz alta e revise novamente. Em geral, são necessários dez segundos para o seu *slogan* (em minha empresa, Smooth Sale, o meu é: "Eu dou uma guinada nas suas vendas!"), trinta segundos para um comercial e, caso perceba interesse, dois minutos para uma história sobre como você ajuda seus clientes.

Embora eu tenha usado técnicas de marketing para chegar até a porta dos clientes, não sou especialista em estratégias.

Você pode pensar em contratar consultores de marketing. Já ouvi um deles dizer que a introdução de trinta segundos deve começar com uma pergunta relevante sobre o seu nicho de mercado. Isso torna a introdução bastante pessoal. Se, por exemplo, eu a encontrasse pela primeira vez e você me perguntasse o que eu faço, eu responderia com outra pergunta:

– Você está passando por momentos difíceis de vendas? Os possíveis clientes estão escapando de sua mão? Seu negócio está indo por água abaixo? Para mim, o humor contribui muito e é capaz de prender a atenção do público. Ao mesmo tempo, demonstro entender os sentimentos de meus futuros clientes.

De uma maneira objetiva, eu continuaria explicando como resolveria os problemas da empresa e das vendas e então apresentaria o nome de minha empresa, junto com um de meus *slogans*.

É possível explorar vários métodos e adaptar para a sua empresa as melhores práticas de cada um deles.

Quando encontrar um grupo de rede de relacionamentos, você terá muito mais sucesso e eliminará confusões se seguir estas orientações, que aprendi em um desses grupos:

- Mostre interesse sincero pelas empresas na qual as outras pessoas trabalham.
- Pergunte qual seria um bom cliente em potencial para eles e diga qual seria um bom para você (já encontrou alguém que fez essa pergunta a você? É ótimo!).

- Escreva um breve resumo no verso do cartão de visita da pessoa para se lembrar dela mais tarde.
- Seja generoso ao recomendar e falar de outras pessoas àqueles que encontrar. Estenda a mão para ajudar. Gradualmente, receberá o favor em dobro.

Ao encontrar pessoas desconhecidas, pense em uma maneira de ajudá-las. Elas se surpreenderão com sua generosidade e retribuirão sempre que possível.

O resumo no verso do cartão de visita evitará mal-entendidos quando você voltar para o escritório. Se você foi a um evento bem-sucedido e conheceu muitas pessoas, a possibilidade de se lembrar sobre o que conversaram é pequena.

Esse método de anotação permite que você entre em contato com as partes interessantes e interessadas de forma inteligente. Essa é a primeira etapa para construir credibilidade.

Se você não se sente à vontade para abordar pessoas desconhecidas em eventos, aproxime-se amigavelmente daquelas que pareçam estar sozinhas. Elas podem ser tímidas também e ficarão muito agradecidas por seu esforço. A conversa será natural.

À medida que você praticar essa abordagem, ela se tornará cada vez mais fácil. Com o tempo, passei a esperar ansiosa pelos eventos de rede de relacionamentos e hoje sinto como se estivesse indo a uma festa com amigos.

Alianças

Ao participar de uma rede de relacionamentos, procure as empresas com as quais você possa desenvolver negócios rapidamente. Por exemplo, um corretor da bolsa de valores, um gerente financeiro e uma empresa de incorporação imobiliária podem trabalhar juntos organizando seminários e auxiliando clientes. Sua rede de relacionamentos vai crescer vertiginosamente.

Você pode encontrar outros que tenham o mesmo nicho de mercado que você e queiram trocar indicações. Compartilhe seu conhecimento e suas opiniões com essas pessoas para aperfeiçoar suas habilidades.

O melhor exemplo que já vi de formação de aliança foi o de um profissional de Tecnologia da Informação (TI) que se tornou corretor de imóveis. O corretor era novo na área e o ambiente, muito competitivo. Era difícil encontrar clientes – até que um bom amigo, um advogado especializado em divórcios, sugeriu que eles trocassem indicações.

Como as pessoas costumam vender a casa quando se divorciam, a troca de indicações agregou valor aos serviços do advogado e, para o corretor, foi um tesouro em termos de indicações. Essa aliança foi benéfica para todos os envolvidos.

Outros exemplos de possíveis alianças seriam corretores de imóveis com agentes hipotecários; instrutores de vendas com consultores de negócios e especialistas de marketing. Formando alianças com criatividade, você consegue penetrar com maior rapidez em seu nicho de mercado.

Palestrantes

No geral, encontros de rede têm a presença de um palestrante. Lembre-se de conversar com ele pois, como foi convidado a falar, é provável que tenha uma ampla rede de relacionamentos.

Aproxime-se dizendo que achou interessante um determinado ponto da palestra e deseja saber mais sobre o que ele faz. Pode ser que você encontre uma forma de trabalharem juntos. Descobri que essa é uma estratégia de muito sucesso.

Se você é empreendedora, pode querer discutir idéias com o palestrante a fim de descobrir o segredo de seu sucesso. A maioria das pessoas considera isso um elogio e fica feliz em ajudar.

Meus conselhos vêm da minha experiência. Conheci uma mulher que falava sobre sua empresa e seus serviços *on-line* especificamente voltados para as mulheres. Estamos em contato até hoje: ela publica muitos dos meus boletins informativos em seu site e eu comprei um de seus serviços *on-line*. A associação foi benéfica para nós duas.

Eu troco endereços de sites que têm relação com meu negócio com outra empresa *on-line* que trabalha com consultoria. A cada duas semanas, envio dicas sobre vendas. O site se beneficia por receber minha ajuda e de várias outras empresas e a exposição das minhas colunas e das matérias dos outros colaboradores beneficia a todos nós.

Como você pode ver, ao compartilhar informações com todas as pessoas que você conhece, sua rede de relacionamentos cresce rapidamente. Como se costuma dizer, "Não importa quem você conhece, mas quem conhece você".

Mentores

Um mentor a ajudará a aumentar as vendas e desenvolver a sua empresa de uma maneira estrondosa. Entendo como mentor alguém que conhece um assunto mais do que nós. Perguntando e ouvindo, absorvemos conhecimento muito mais rapidamente do que se pesquisássemos e praticássemos sozinhas.

No escritório, converse com os que apresentam melhor desempenho na equipe. Lembro-me de ter perguntado a uma dessas pessoas como conseguia atingir todas as metas do programa de bônus, mesmo com algumas metas parecendo tão inatingíveis.

O vendedor experiente pegou a calculadora e me ensinou a fazer, literalmente, um movimento de vaivém com os números. Quando fazia uma venda, ele oferecia equipamentos extras "sem custos" para os clientes, maximizava o plano de remuneração e chegava aos números do bônus. Depois disso, nunca mais perdi minhas metas do programa de bônus e meus clientes ficaram mais felizes do que nunca.

Em outro escritório, meu gerente havia feito treinamento na IBM. Pode ter certeza de que absorvi o máximo que pude de seu conhecimento enquanto trabalhei com ele. Depois disso, eu brincava com as pessoas dizendo que havia sido treinada na IBM. O elemento mais valioso que levei comigo foi a autoconfiança.

Os meus mentores foram tão valiosos em todos os meus empreendimentos que em meados de 2006 iniciei a apresentação *on-line* e veiculada por rádio da Smooth Sales, chamada *Success Strategies to Catapult Your Business* [Estratégias de sucesso para projetar sua empresa]. Nesse programa, mulheres de destaque dão entrevistas e contam o segredo de seu sucesso. Por sua vez, os ouvintes podem usar essas estratégias, adequando-as a sua realidade e alcançando o sucesso em seus empreendimentos com maior rapidez.

O melhor mentor é um consultor de negócios que se interesse por seus desafios e metas, e que você acredita poder ajudá-la a alcançar o sucesso. Antes de contratá-lo, porém, solicite uma sessão de cortesia. No mínimo, entreviste vários consultores para saber como trabalham e no que diferem um do outro. Cada um deles tem um estilo próprio no momento de atuar.

É preciso encontrar alguém que pense mais ou menos como você em relação aos negócios, que a desafie e inspire a realizar tarefas que jamais imaginou tentar antes. Observando empresários e profissionais de vendas em todos os setores, você encontrará mentores em todas as áreas, que lhe mostrarão o que *não* fazer e o que fazer.

Você já recebeu algum telefonema de operador de telemarketing que não a deixava nem raciocinar direito? Já foi a alguma loja de roupas em que um vendedor grudou em você e não parava de falar?

Todos nós já vimos exemplos de vendedores ruins. Precisamos apenas nos lembrar de não copiá-los. Alguns maus exemplos:

- Um corretor de imóveis discutindo ao telefone sobre a situação financeira de outro cliente, em minha frente e de meu marido; nada era confidencial.
- Um paisagista, ao ser pressionado a terminar um trabalho já bastante atrasado para o qual havia sido contratado, retrucou: "Eu disse que talvez terminasse o trabalho em um mês, eu não dei certeza".
- Entrar em um provador para experimentar aquele vestido lindo e, quando você já tirou toda a roupa, a vendedora puxa a cortina perguntando se ficou bom.

Por outro lado, certa vez tive a felicidade de visitar o interior da França com meu marido. Havia uma lojinha na cidade de Versalhes, na qual um artista exibia em um cavalete pequenas peças de pintura esmaltada.

O artista não falava inglês e nosso francês estava tão ruim que ficamos em silêncio. No entanto, gostamos muito de olhar para todas aquelas obras de arte.

A antiga arte de vender tomou conta do momento sem que ninguém dissesse uma palavra! O artista observava os movimentos dos nossos olhos. Quando nosso olhar repousava sobre uma peça de que gostávamos, ele a retirava do cavalete e a colocava um pouco mais perto de nós.

Depois que vimos todas, o artista apontou individualmente para cada uma das peças sobre a mesa como se indicasse a pergunta: "É esta que gostariam de comprar?".

Seguindo seu exemplo, apontamos aquela de que mais gostamos. A essa altura, o artista apontou para o preço em um quadro. Pagamos com a moeda francesa e partimos muito felizes com nossa compra, e extremamente impressionados com seu poder de observação e sua habilidade para vender.

Dicas de vendas da Vendedora Boazinha

1. Determine seu nicho.
2. Vá aos eventos que reúnem sua clientela.
3. Se o grupo a intimida, comece pelas pessoas que estão sozinhas.
4. Demonstre algum conhecimento sobre a empresa da pessoa.
5. Demonstre interesse sincero pela empresa da pessoa.
6. Faça perguntas sobre seus desafios.
7. Pergunte qual seria um bom cliente em potencial para eles.
8. Seja um "intermediário" indicando negócios para outras pessoas.
9. Ofereça espontaneamente sugestões de melhorias, recursos e referências, se você achar que é conveniente.
10. Faça um breve resumo da conversa no verso do cartão de visita da pessoa.
11. Procure alianças que possam desenvolver sua empresa mais rapidamente.
12. Converse com o palestrante para descobrir um possível contato.
13. Visite grupos de rede de relacionamentos para saber se são apropriados antes de se associar.
14. Agradeça a todos que ajudarem.
15. Quando se unir a algum grupo, seja ativa e ofereça ajuda.
16. À medida que se tornar conhecida, as referências começarão a vir em sua direção.
17. Utilize um mentor para sua empresa crescer rapidamente.
18. Ouça e observe.

CAPÍTULO 12

PLANEJE A REUNIÃO COM ANTECEDÊNCIA

Vendedores que tentam falar de improviso em reuniões em geral não são convidados a voltar. É importante perceber que o trabalho começa bem antes de entrar no ambiente de trabalho do cliente. Fazer o dever de casa antecipadamente é vital para as mulheres que estão se aventurando em vendas. O caminho é longo até você começar a ganhar dinheiro com o trabalho; portanto, faça de tudo para que o sucesso chegue mais cedo. Se você executar o trabalho difícil no começo, seu futuro cliente vai prestar atenção no seu produto e perceber que está falando não só com uma Vendedora Boazinha, mas também com uma profissional.

Caso tenha conseguido marcar a reunião por meio de visitas ou de alguma rede de relacionamentos, reveja suas anotações no verso do cartão de visita. Relembre a conversa para saber por que o seu cliente em potencial pode ter se interessado por seus serviços.

Depois de transformar um contato de apresentação em um contato com indicação pelo telefone, relembre a conversa mentalmente para determinar, dentre as coisas que você disse, qual delas chamou a atenção da outra pessoa fazendo com que ela a convidasse para uma reunião.

Em qualquer uma dessas situações, anote o que você pode dizer com relação ao interesse dele em se encontrar com você. Coisas como "O que mais eu preciso pesquisar antes da reunião?"; "Que materiais apropriados e que servirão de apoio posso levar?" Comece a planejar a reunião potencial com antecedência, mas seja flexível para mudar seus planos se for preciso.

Quando estiver lendo, observando e ouvindo, pense em como a informação recebida pode afetar seus clientes efetivos ou em potencial.

Por exemplo: uma importante empresa de pesquisa na internet está sempre na mídia por causa do sucesso de seus negócios na China. Se você tem clientes tentando trabalhar na China, pode perguntar como as experiências dessa empresa podem ajudar seu cliente. Saber o que está acontecendo no mundo e estudar como esses eventos podem ajudar seu possível cliente demonstram que você se preocupa com o sucesso deles e está muito bem informada sobre as últimas notícias.

Leia o máximo que puder, mas sempre tendo em mente a pergunta: "Como isso afeta meus clientes?". Notícias nacionais, locais e de negócios contêm informações fundamentais para o dia-a-dia. Caso entre em uma conversa com o cliente sobre o que você viu, leu ou estudou, não mencione seu ponto de vista político e religioso, mesmo que ele exponha o dele. Muitos vendedores perderam clientes por esse motivo. É preciso ser inteligente quando se fala de informações que afetam sua clientela.

Eventos importantes e promoções dirão a você quais empresas estão prosperando e quem são os contatos de algumas dessas organizações. Propagandas mostram quais empresas têm dinheiro, principalmente em momento de baixo crescimento econômico. Sabe-se que propaganda e marketing são os primeiros orçamentos cortados em épocas de vacas magras. Se uma empresa está investindo em propaganda, é sinal de que tem dinheiro suficiente para as despesas do dia-a-dia.

Antes de sair para a reunião, dedique um tempo para acessar novamente o site do cliente em potencial e refrescar a memória. As informações contidas nas páginas do site têm valor inestimável.

Dicas de vendas da Vendedora Boazinha

No site do cliente em potencial, procure:

1. Termos que se repetem
2. Produtos e serviços
3. A missão da empresa
4. Nomes dos diretores da empresa
5. Listagem das ações se forem negociadas publicamente

Observe que os termos que se repetem estão no topo da lista. Essas palavras indicam o que é mais importante para a empresa. Por exemplo: quando eu estava pesquisando cooperativas de crédito, o termo "estabilidade financeira" se repetiu várias vezes em um site. Quando a cliente em potencial atendeu o telefone, eu disse:

– Percebo pelo seu site que a solidez financeira é muito importante para sua empresa.

Em seguida, apresentei-me e falei o nome de minha empresa. A resposta satisfeita foi:

– Ah, sim, é exatamente isso!

Naquela época, eu representava uma grande organização. Na pergunta seguinte, a minha declaração foi:

– Você acha que a minha empresa é qualificada como uma empresa financeiramente sólida?

A mulher do outro lado da linha riu, reconhecendo rapidamente o nome da minha firma, e concordou que nós éramos qualificados como uma empresa sólida. Concentrei-me, então, em marcar a reunião.

– Então que tal marcarmos uma reunião?

A pessoa do outro lado do telefone ficou muito contente em poder conversar comigo. Por usar o vocabulário da empresa, dava a impressão de que estávamos em sintonia, assim ela percebeu que poderia ser vantajoso me encontrar.

Incorpore esse detalhe ao seu trabalho e você perceberá uma grande diferença em seu grau de sucesso ao marcar reuniões.

Se seu cliente em potencial estiver em uma empresa de capital aberto, pesquise quanto valem as ações de sua empresa, pois os funcionários gostam de falar disso – mesmo que as ações estejam em queda. Todo mundo adora sonhar em ficar rico. Leia também o relatório anual da empresa antes da reunião, pois ele fornecerá várias informações relevantes.

Quanto mais souber a respeito da empresa, maiores serão suas chances de sucesso. Várias coisas boas acontecem quando você faz a pesquisa certa, conforme mencionado abaixo.

Dicas de vendas da Vendedora Boazinha

Se você faz a tarefa de casa:

1. Sua credibilidade aumenta consideravelmente.
2. Muito provavelmente seus concorrentes e colegas do sexo masculino, que não prestam muita atenção aos detalhes e preferem o jogo rápido, não perderão tempo pesquisando; assim você assumirá a dianteira e poderá ganhar o negócio.
3. Terá informações suficientes para fazer perguntas inteligentes.

4. Ao fazer perguntas inteligentes, sua credibilidade aumentará ainda mais e a concorrência ficará claramente na defensiva.
5. Os métodos da Vendedora Boazinha sempre funcionam.

CAPÍTULO 13

VOCÊ É O SEU CARTÃO DE VISITA

Os resultados das pesquisas são chocantes! Especialistas concordam que as decisões se baseiam nas seguintes estatísticas: 7% no que você diz, 38% em como você diz, e 55% em sua aparência.

Os clientes *querem* que você pareça uma pessoa bem-sucedida. E, se tiverem essa impressão, eles vão querer se parecer com você e se sentir bem com a sua visita.

Considere o seguinte: você já deu dinheiro a um vendedor de que não gostava?

Então seja uma pessoa agradável.

Caso algum aspecto de sua maneira de ser a esteja incomodando, procure ajuda de um profissional, como, por exemplo, um consultor de negócios ou um instrutor de vendas. Perca os quilinhos extras se isso puder melhorar a sua auto-imagem. Mantenha uma postura ereta e ande com determinação.

Peça conselhos a um cabeleireiro, um estilista e um maquiador. Mantenha os sapatos lustrados e as roupas bem passadas. Compre acessórios de couro e canetas de qualidade. Todas essas coisas contribuem para a imagem que as pessoas têm de você.

Em uma reunião, esteja presente com o máximo de autoconfiança para conduzir o negócio.

Já no segundo ano em vendas, percebi que precisava mudar. Para mim, era muito difícil visitar os clientes.

Inscrevi-me por minha conta em um curso de oratória. O investimento valeu a pena, pois me ajudou a sobreviver e ter sucesso. Na primeira semana do curso, quando me pediram apenas para dizer meu nome, pensei que fosse desmaiar.

No entanto, ao final das doze aulas, recebi o prêmio mais importante. As aulas me ajudaram a ganhar autoconfiança, habilidade para fazer apresentações e narrar histórias de maneira que os outros entendessem. Não bastasse isso, as aulas também contribuíram muito para o meu sucesso em vendas. Aprendi a narrar histórias e essa técnica me tornou muito mais interessante e agradável.

Comecei a perceber que os clientes queriam saber sobre mim e minha família. As histórias que compartilhei sobre minha vida pessoal ajudaram a desenvolver a ligação e a confiança entre nós. Era capaz de divertir os clientes (e entrevistar candidatos para empregos) com histórias sobre a escolha da faculdade de nossos filhos, nossas viagens ou qualquer outra situação que viesse à cabeça.

Quando algum cliente ou cliente em potencial falava sobre algum assunto, lá vinha eu com uma história interessante. Com isso, eles podiam me conhecer e se sentir confiantes em relação a minha credibilidade. Mas, apesar de contar histórias para os clientes, sempre fui e continuo sendo sensível à filosofia da Vendedora Boazinha de não monopolizar a conversa. Tornei-me perita em limitar minhas histórias a menos de dois minutos. E tem mais: eu só contava minhas histórias se elas ajudassem no que meus clientes estivessem contando e me fizessem sorrir.

Em vez de seguir um roteiro, o que é sugerido por muitos instrutores, o improviso e a sinceridade na narração de histórias contribuem para mostrar seu lado autêntico. Você estabelece afinidade com facilidade e gradualmente se torna confidente do cliente em potencial. Essa estratégia fortalece o relacionamento com os clientes. A narração de histórias passa a ser uma forma agradável de conduzir uma reunião de negócios. Prometa a si mesma que jogará o roteiro fora e será você mesma em telefonemas e reuniões.

Além disso, a narração de histórias passou a ser tão divertida para todos nós que se tornou a estratégia que me ajudou a garantir vendas repetidas. Meus clientes gostavam das minhas visitas porque elas eram divertidas!

Resumindo, a narração de histórias ajuda a construir relacionamentos, confiança e amizade.

Contudo, depois de uma conversa divertida, aprendi, com arte, a voltar o foco para o objetivo principal da reunião que era saber mais sobre os desafios e as necessidades do cliente. Eu estava visivelmente me tornando uma vendedora muito mais interessante. Clientes e clientes em potencial começaram a trocar informações pessoais comigo. Algumas vezes, me sentia como uma psicóloga. A conquista da confiança dos clientes acabou por ajudar a impulsionar minhas vendas.

Uma vez desenvolvido o relacionamento, fica muito fácil descobrir as necessidades básicas de novos serviços que eu estava vendendo e planejar, junto com o cliente, uma estratégia em longo prazo. As porcentagens de fechamento aumentam consideravelmente e as vendas repetidas passam a ser parte natural na estratégia que você está construindo com o cliente.

Se a estratégia é executada de forma adequada e você se torna a fornecedora escolhida, seu cliente a chamará para outros serviços.

Como pessoas de negócios, estamos sempre nos esforçando para atingir as metas de vendas, mas nunca temos certeza de onde virá a renda do mês seguinte. Temos a tendência de nos preocupar. Mas, usando a filosofia de trabalho da Vendedora Boazinha para construir e fortalecer relacionamentos, as vendas acontecem e as preocupações desaparecem.

Para aquelas que se preocupam com a própria voz, com as apresentações e em falar em público, ou simplesmente sentem aquele medo de sempre, recomendo que procurem aulas de oratória e comunicação pessoal específicas para sua área.

Muitos anos se passaram desde a minha primeira experiência de falar em público. Essa atividade havia se tornado uma paixão para mim e eu sabia que mais cedo ou mais tarde precisaria de uma reciclagem. Recentemente, participei de um curso local de dois dias para recuperar a autoconfiança que havia perdido, e valeu muito a pena. Há vários cursos disponíveis de acordo com sua habilidade e necessidade. Freqüentemente sou convidada a dar palestras sobre vendas e construção de negócios para vários grupos. Ao fornecer informações espontaneamente e falar com confiança, esses convites me permitem promover meus produtos e serviços de treinamento de vendas. Certa vez fui convidada por uma associação comercial para falar sobre como manter os associados no comitê. Essa não é minha área, então pensei nisso como um negócio e ensaiei mentalmente o que faria se estivesse preocupada com o fato de os sócios não renovarem suas matrículas.

A palestra, nas palavras do diretor da associação, foi "a melhor reunião que tivemos aqui". A habilidade da oratória, uma vez aprendida, estará sempre a mãos para apoiá-la e conferir credibilidade.

Mais recentemente, passei algum tempo com uma comediante para aprender como ela falava com a platéia. Adoro me divertir no que quer que eu faça e, particularmente, gosto de fazer as pessoas rirem. Uma semana depois, em uma conferência de mulheres, tive a oportunidade de injetar um pouco de humor em minha palestra. Com a câmera me focalizando, eu me senti uma apresentadora de programa de auditório e a platéia adorou! Ter trabalhado antes com a atriz cômica me deu autoconfiança para executar com sucesso essa estratégia. Quanto mais você desenvolver seu conhecimento e suas habilidades, mais versátil se tornará e maior será sua clientela.

Desenvolva-se e torne-se uma especialista na sua área.

A primeira forma de as pessoas verem você como uma especialista é oferecendo-se para conduzir reuniões na área em que você é competente. Em seguida, organize um seminário com algum parceiro para aumentar sua exposição. Depois de ficar conhecida por falar bem em público, escreva artigos (uma dica: escreva como se estivesse falando com um amigo) e envie-os a editores de jornais, sites e revistas.

As pessoas de negócios deveriam se dedicar seriamente a conseguir publicidade gratuita. Em termos de valor, a publicidade é mais importante que a propaganda. Afinal o público percebe que você está pagando pela propaganda e a vê com ceticismo. Já a publicidade é um testemunho vindo de terceiros. O boca-a-boca tem muito mais peso e desperta um interesse muito maior. E, por último, mas não menos importante, a publicidade é gratuita! A publicidade cria sua imagem de especialista mais facilmente do que a maioria dos outros meios.

Dicas de vendas da Vendedora Boazinha

1. Faça sua aparência transmitir uma imagem de profissionalismo.
2. Utilize ferramentas profissionais.
3. Ande com autoconfiança e um sorriso no rosto.
4. Não decore o que vai falar.
5. Fale sobre assuntos que lhe sejam familiares.
6. Fale como se estivesse conversando com um bom amigo.
7. Fale com o coração – demonstre paixão.
8. Acrescente histórias pessoais, se apropriado.

9. Seja hábil em trazer a conversa de volta para as vendas.
10. Procure ajuda para aprender a falar em público, se necessário.
11. Seja franca.
12. Quando acabar de falar, verifique se alguém tem alguma pergunta.
13. Ofereça seu cartão de visita e outras informações mais aprofundadas caso alguém da platéia tenha interesse em falar em particular sobre seus serviços.
14. Para conseguir mais cartões de visita, sorteie algum livro que tenha escrito, uma reportagem útil ou alguma coisa relacionada ao assunto em discussão.

CAPÍTULO 14

LINGUAGEM CORPORAL – OUTRO TIPO DE DNA

Na época em que os produtos e serviços via internet viraram mania e todos falavam em trabalhar para uma nova empresa de alta tecnologia, gabando-se de suas possibilidades de escolha, eu quis fazer parte de tudo isso. Queria "ver com meus próprios olhos" o que era aquilo de que tanto falavam.

Um outro incentivo que me fez migrar para essa novidade foi o de atualizar completamente minhas habilidades de vendas e computação. Tinha grande curiosidade de saber como era possível vender propaganda na internet.

Nessa época, eu já tinha vários anos de experiência em vendas, e muitos clientes me conheciam. Além disso, havia me tornado uma hábil observadora da linguagem corporal.

Com o passar dos anos, adquiri uma percepção aguçada da linguagem corporal de clientes em potencial e colegas. Padrões incomuns de gestos e expressões faciais da outra pessoa afetam seus resultados. Até mesmo Vendedoras Boazinhas devem ter experiência e estar bem conscientes em relação aos outros. À medida que você passa a observar melhor esses comportamentos, sabe instantaneamente quem deve evitar. Deixe-me demonstrar isso contando minhas experiências.

O gerente que me entrevistou na empresa de serviços de internet parecia ser bem gentil, mas sentia que havia algo estranho quando ele enfatizava determinadas frases. Tinha o hábito de inclinar a cabeça em direção ao ombro direito como se personificasse um ponto de exclamação. Era de fato estranho e inquietante. Eu já havia visto exatamente esse mesmo comportamento antes.

Ele me lembrava alguém, mas quem?

Após a segunda entrevista, fiquei ainda mais preocupada e passei horas tentando descobrir quem ele me lembrava. Num sobressalto, acordei de um sono profundo no meio da noite quando me dei conta de com quem esse gerente se parecia.

Vários anos antes, quando vendia impressoras de rede, pediram-me que levasse o nosso especialista em impressoras a um de meus clientes em potencial para ajudar na venda, embora eu fosse bastante capaz. Eu já era uma das melhores vendedoras da empresa.

Nosso fabricante era bastante generoso com relação aos bônus. As impressoras coloridas estavam apenas começando a ganhar popularidade, e eram ainda muito caras. Um bônus elevado estava sendo oferecido para quem conseguisse uma média de cinco impressoras coloridas vendidas por trimestre.

Se eu vendesse a impressora colorida ao cliente que estávamos visitando seria a quinta unidade minha vendida no trismestre, e eu estava muito ansiosa. Já havia realizado algumas vendas no decorrer daquele ano para aquele cliente, e ele estava agora pronto para impressoras coloridas.

No entanto, cometi um grande erro. Esperei até a manhã do dia seguinte para solicitar o dinheiro do bônus. Enquanto eu aguardava, o especialista em impressoras coloridas correu de volta ao escritório e solicitou a recompensa para si, mesmo não sendo ele o responsável pela venda.

A gerência (um clube do Bolinha) limitou-se a dar de ombros e dizer que não podia fazer nada para me ajudar. Perdi o sonhado bônus. Esse especialista também costumava enfatizar suas frases inclinando a cabeça em direção ao ombro direito.

A semelhança entre os dois homens me assustou. Percebi que estava prestes a passar por uma experiência difícil. Eu queria tanto adquirir experiência em uma empresa de alta tecnologia que segui em frente e aceitei a proposta na segunda entrevista, embora minha intuição dissesse para não aceitar. Tive uma forte dor de cabeça durante toda a transição.

Sabendo muito bem que essa seria uma experiência difícil, guardei cada pedacinho de papel, inclusive um guardanapo recebido durante as entrevistas, especificando quais seriam meus possíveis ganhos e como minha cota cresceria aceleradamente no decorrer do ano seguinte. O guardanapo, com os números previstos de receita, era para ser jogado fora, mas eu fui mais esperta. Naquela hora, nenhum erro foi cometido.

Após três meses no novo emprego, descontente por ter de fazer isso tão cedo, fui ao RH. Essa situação era constrangedora por duas razões. Primeiro, significava que eu era incapaz de resolver meus problemas sozinha; segundo, era um emprego recente no qual eu queria concretizar meu sonho, mas, em vez disso, eu seria considerada uma causadora de problemas. Mesmo assim, eu não queria que o meu gerente me considerasse fraca e fácil de ser enganada. Em geral, os colegas do sexo oposto acham que as mulheres são fáceis de manipular. Até mesmo as Vendedoras Boazinhas precisam estar preparadas para reagir quando colocadas contra a parede.

Agora eu já ultrapassara em uns 500% as metas que me foram colocadas (e que eu tinha escrito naquele guardanapo). Quando entrei na sala do RH, lá estava o meu gerente tentando negar o que me falara antes.

Ele disse que eu estava mentindo e me olhou aterrorizado quando percebeu que eu havia guardado aquelas anotações à mão, inclusive o guardanapo que eu orgulhosamente entregava para o gerente de RH. Para minha satisfação, rapidamente renegociamos.

No momento de ascensão das empresas que ofereciam serviços pela internet, as vendas internas eram realizadas por telefone e o pedido era enviado por fax. Esperava por um pedido grande havia alguns dias, mas ele nunca apareceu. Acessei a internet e verifiquei que aquele mesmo gerente estava reivindicando para si a venda que eu esperava. Definitivamente, ele não era um Vendedor Bonzinho.

O gerente roubou o pedido do aparelho de fax e inseriu no sistema como se fosse seu. Sua linguagem corporal e seu comportamento eram exatamente iguais aos do especialista em impressoras coloridas que havia roubado aquele bônus de mim.

Novamente, o gerente e eu voltamos ao departamento de RH. Depois, fomos parar no escritório do vice-presidente. Lutar pelos meus direitos tornou-se uma rotina diária nesse escritório. Ironicamente, o gerente e eu saímos da empresa com apenas três dias de diferença um do outro. Vendíamos propaganda em sites financeiros dois meses antes da quebra da bolsa de valores e ambos percebemos que não havia razão para continuar ali.

Esteja atenta: a linguagem corporal e o vocabulário são parte *do seu* DNA.

Dicas de vendas da Vendedora Boazinha

1. Comporte-se sempre de maneira profissional.
2. Observe os outros com olhar aguçado.
3. Torne-se observadora do comportamento humano.

Se você observar, ou seja, ouvir e prestar atenção, suas vendas irão disparar!

Se você é uma vendedora interna, deve aprimorar sua habilidade de ouvir em dez vezes mais. Se você é uma vendedora externa, deve ouvir o que está sendo dito, bem como o que *não* está sendo dito. É preciso também ser uma grande observadora da linguagem corporal dos clientes. A linguagem corporal e as expressões faciais espelham o que o cliente está pensando.

Uma experiência interessante relacionada à observação da linguagem corporal aconteceu um ano antes da história anterior. Eu ainda vendia impressoras e *software* de rede.

Aplicando os princípios de venda estratégica e negociando de cima para baixo na hierarquia, conheci os principais executivos de uma empresa de alta tecnologia. Estava claro que a gerência do departamento de TI considerava nosso equipamento superior e queria comprar de mim os equipamentos para toda a empresa.

A última etapa seria uma reunião com o gerente de compras, Joel, que era o principal negociador. A essa altura, a gerente de TI, Valéria, e eu já nos tornáramos amigas. Ela me disse:

– Elinor, estou bastante ocupada, mas vou participar da reunião com você, porque o Joel, o gerente de compras, é muito bruto com os fornecedores.

Agradeci a preocupação e aceitei sua sugestão de se juntar a mim na reunião. Nessa altura dos acontecimentos, eu não apenas tinha vários anos de experiência como também sabia que havia feito minha tarefa de casa.

Tudo o que o cliente queria estava na proposta, posicionado de forma a acomodar o crescimento do cliente, levando em conta tudo o que haviam me dito nas reuniões anteriores com os vários departamentos. Meu preço estava bastante justo, pois minha empresa descartou um lucro enorme. Meu objetivo era primeiro estabelecer uma sólida base de negócio para então desenvolver uma conta próspera, de onde viria dinheiro adicional. Eu queria o negócio e fui em busca dele.

Quando chegamos à frente da porta do escritório de Joel, Valéria cochichou para mim, meio insegura: "Boa sorte".

Como já sabia da situação, vesti meu poderoso terninho vermelho e sorri à vontade. Joel me cumprimentou com mau humor, como quem diz: "Não desperdice meu tempo. Apenas mostre-me os números".

Confiante, virei as páginas até o meio da proposta, onde os números estavam bem visíveis. Essa folha mostrava o preço dos três pacotes propostos e os equipamentos incluídos em cada um deles. O último pacote era formado por grande parte da lista de pedidos do departamento de TI.

Ao entregar a folha a Joel, não desviei o olhar de seu rosto por um segundo sequer. No exato instante em que bateu os olhos nos números, imediatamente um sorriso tomou conta de sua face. Se eu não o estivesse observando cuidadosamente, teria perdido o sorriso que durou apenas um milésimo de segundo.

Instantaneamente, Joel se conteve e mudou de expressão, dizendo de forma desagradável e com ar carrancudo:

– Esses números não estão bons para mim. Faça tudo de novo.

Não recomendo que você faça isso, mas foi o que eu disse no calor do momento:

– Tem uma música que fala de um jogador de baralho. Ela diz o seguinte: "Pelo seu olhar, posso ver que você não tem ases. Você tem de saber quando guardá-los e saber quando mostrá-los..."

Enquanto eu dizia isso para Joel, Valéria me olhava com uma expressão de horror. Eu continuei:

– Eu vi o sorriso no seu rosto. Você sabe que fiz um bom trabalho porque quero fechar negócio com sua empresa. Eu poderia voltar e refazer os números, mas, para ser bem honesta, não há muito mais que eu possa fazer. Gastei um tempo considerável com seus colegas, certificando-me de fornecer exatamente o que esta empresa precisa. Se eu sair daqui agora, vamos ter de ficar ligando um para o outro até conseguirmos marcar outra reunião, e teremos de refazer todo o processo. Quanto vale o seu tempo? Vamos resolver a parte burocrática agora e seguir em frente, a fim de economizar o seu tempo e fazer seus funcionários mais felizes e eficientes.

Joel foi pego totalmente desprevenido. Pediu a minha caneta emprestada e assinou o contrato.

Tenha sempre o olhar atento.

Mantenha o olhar atento

Aqui vão alguns exemplos de expressões faciais negativas e tipos de linguagem corporal aos quais você deve prestar atenção: franzir a testa, erguer a sobrancelha, cruzar firmemente os braços, olhar para o relógio, olhar para longe e/ou tossir enquanto alguém fala, contradição entre as palavras e os movimentos do corpo, e olhar para o lado, por cima do ombro, depois de falar alguma coisa.

Sempre que perceber algo negativo, pergunte se há alguma dúvida. Você deve abordar todos os sinais negativos imediatamente, a fim de levar a conversa adiante.

Sinais positivos podem ser um sorriso, menear a cabeça em sinal de aprovação, recostar-se enquanto você fala e perguntas inteligentes feitas a você, sinalizando que a pessoa acredita no que você está dizendo.

Sinais de intenção de compra incluem perguntas sobre a parte financeira, valor da entrada, entrega, assistência e solução de problemas.

Após ler as minhas histórias, tenho certeza de que você concordará comigo sobre a importância de ficar de olho em todas as pessoas com quem você entra em contato na hora da venda. Se você é uma vendedora séria, vale a pena fazer um curso ou ler um livro sobre linguagem corporal.

CAPÍTULO 15

POSICIONE-SE ENQUANTO ESPERA!

Atenção Vendedoras Boazinhas: prestem atenção. Esta é a área em que você vai facilmente brilhar e se destacar de todos aqueles que fazem negócios de forma tradicional. É sempre uma ótima idéia chegar dez minutos antes das reuniões. Isso lhe dá tempo para "bancar a detetive" e procurar pistas. Essa prática permitirá observar várias áreas da empresa do cliente em potencial e lhe dará informações para fazer perguntas inteligentes durante a reunião.

A obra de arte na parede

Em geral, as empresas pequenas têm pôsteres gigantes decorando as paredes, pois não têm dinheiro para gastar em quadros caros. Os pôsteres podem enfocar o trabalho em equipe e a definição de metas, ambos bons pontos de partida para uma conversa, como por exemplo: "Eu reparei que a definição de metas é muito importante para vocês". Os gerentes, que passam pelos pôsteres todos os dias, acabam se esquecendo que eles estão ali. Vários me disseram com voz surpresa e satisfeita: "É verdade, como você sabe?!".

Já as empresas maiores em geral têm interessantes obras de arte nas paredes. Se você gosta da obra, diga isso a eles. Um elogio é uma forma agradável e cordial de começar uma conversa.

Literatura

Há sempre folhetos, boletins e cartas de clientes nas empresas. Eles lhe fornecem informações adicionais. Se algum deles lhe chamar a atenção, sem dúvida mencione-o no início da reunião.

Revistas

Se tiver alguns minutos de sobra, pegue alguma revista do setor que esteja por perto. Elas estão repletas de informações que podem lhe ser muito úteis.

Por exemplo: uma vez eu aguardava impaciente na sala de espera pelo que parecia um tempo extraordinariamente longo. Meu contato, o diretor financeiro, havia ficado preso em uma reunião demorada.

Em geral, se a pessoa que vou encontrar não está disponível em até quinze minutos, peço para remarcar. A última coisa que quero é transmitir a idéia de que não tenho nada melhor para fazer além de ficar sentada na sala de espera ou, o que é até pior, que estou desesperada para fechar um negócio.

Entretanto, dessa vez eu sabia que esse homem tinha ótimas relações e que valia a pena esperar. Em vez da minha impaciência habitual, peguei uma revista que falava sobre o setor financeiro das empresas.

Para começar, eu não sabia que aquele setor tinha uma revista própria. Quando comecei a ler, achei os artigos fascinantes. Quando estava na metade da publicação, o diretor financeiro veio até a sala de espera para me receber. Eu me vi querendo ler mais. Pedi a ele permissão para levar a revista emprestada a fim de poder terminar a leitura.

De cara ele já gostou desse simples gesto. Era como se eu quisesse descobrir os desafios que ele precisava enfrentar. Traduzindo isso para o contexto dos negócios, ele passou a acreditar que eu me preocuparia em oferecer uma solução adequada para ele.

As informações que li também me ensinaram muito e viriam a ser úteis em situações semelhantes no futuro. Dali por diante, passei a ficar sempre alerta para descobrir revistas específicas de negócios em outras salas de espera.

Ao final de nossa reunião, ele me solicitou uma proposta com a qual eu não contava. Nossa reunião havia sido marcada apenas para um contato inicial, e o resultado, contudo, foi um negócio potencial – por eu ter demonstrado interesse pelo contexto de seu mundo de negócios.

Prêmios

As empresas exibem orgulhosamente os prêmios que recebem. Leia qual foi o motivo do prêmio e quem o patrocinou. Essa é uma ótima maneira de começar uma conversa.

Na metade da minha carreira, encontrei um prêmio exibido orgulhosamente no balcão de uma grande empresa fabricante de computadores. Tratava-se de um prêmio famoso do qual eu já tinha ouvido falar, mas não sabia exatamente as qualificações necessárias para merecê-lo.

Depois de ser acompanhada até o escritório de Marlene, a minha cliente em potencial, mencionei ter notado o prêmio exibido no balcão. Para minha sorte, Marlene havia sido a pessoa responsável por garantir que todos os departamentos cumprissem os padrões exigidos.

Ela falou sobre as dificuldades para satisfazer todos os requisitos. Para ela, foi um desafio levar todos da empresa a se juntarem e empreenderem um esforço em equipe para se qualificar. A descrição de todo o processo levou pelo menos 45 minutos.

Quando acabou, eu entendi que aquele prêmio significava muito para ela. Também ficou claro que minha empresa podia ser candidata ao prêmio, mas em seu próprio setor.

Minha empresa tinha certificação ISO para seus equipamentos. Resumidamente, a certificação ISO demonstra que o processo de fabricação de um produto foi feito com extrema qualidade. Bem, nossa certificação significava que nós também tivemos de aderir a padrões rigorosos. Na realidade, era raro uma empresa de equipamentos desse tipo ser certificada.

Quando Marlene percebeu que nossas empresas se equiparavam em termos de altos padrões e viu meu interesse pela sua empresa, eu soube que o negócio estava pronto para ser fechado. Embora tivessem me dito no início: "Não precisamos de nenhum equipamento", saí de lá com um pedido.

Bancando a detetive na sala de espera antes da reunião, você aumenta consideravelmente suas chances de sair do cliente com um negócio engatilhado.

Dicas de vendas da Vendedora Boazinha

1. Chegue dez minutos antes do início das reuniões.
2. Procure pistas sobre a empresa em obras de arte, revistas e impressos da empresa.
3. Inclua na conversa com o cliente em potencial fatos que considerar pertinentes.
4. Aponte as semelhanças entre a sua empresa e a do cliente em potencial.
5. Pergunte se as semelhanças são importantes.
6. Continue nessa direção para construir uma parceria.

CAPÍTULO 16

O QUE NÃO SE DEVE FAZER

Repito, você alcançará sucesso observando vendedores de outros setores. Pode ser que você leia os exemplos abaixo e diga a si mesma "Eu nunca faria isso", mas a verdade é que todos esses erros são cometidos todos os dias por muitas pessoas. Divirta-se com as histórias, mas lembre-se delas também.

Nova versão de *A Lebre e a Tartaruga*

Uma empresa de *software* emitiu uma solicitação de proposta para um novo *software*. Três empresas receberam a solicitação.

O presidente da empresa de *software* era muito amigo do presidente do maior fornecedor de programas de computadores. Além deste, outros dois fornecedores menores também receberam os pedidos.

Não restava dúvida de que o amigo seria premiado com o negócio. Entretanto, as circunstâncias mudam. A solicitação de proposta vencia numa segunda-feira de manhã, um dia depois da decisão de um importante campeonato de futebol. O amigo do presidente sabia que sua empresa seria a fornecedora escolhida. Sem hesitação, ele e sua equipe de vendas deixaram a proposta de lado para assistir ao grande jogo.

Enquanto isso, as duas concorrentes menores trabalharam por todo o fim de semana. Não desperdiçaram um só minuto assistindo ao jogo pela televisão.

Uma dessas empresas foi ainda mais longe e revisou cada detalhe das informações recebidas durante as reuniões anteriores com a empresa solicitante. Esse fornecedor foi, aos poucos, compreendendo os pequenos detalhes que envolviam o pedido.

Com a paciência de uma tartaruga, ajustaram uma coisa aqui e outra ali, então essa pequena empresa começou a entender como tudo se encaixava com o que eles tinham a oferecer. Em outras palavras, eles compreenderam a solicitação do cliente e prepararam uma proposta minuciosa que compreendia um plano de trabalho de parceria entre eles e o cliente em potencial.

Tudo o que o cliente havia solicitado foi incluído na proposta. Como medida de segurança, o fornecedor treinou os membros da equipe para a apresentação na reunião que aconteceria na segunda-feira de manhã.

Finalmente chegou o grande dia. A empresa do amigo do presidente foi a primeira a fazer a apresentação. Ele e os membros de sua equipe haviam bebido e comemorado durante todo o fim de semana. Sua apresentação foi extremamente fraca e não muito coerente.

O segundo fornecedor, uma das empresas menores, fez uma apresentação mais profissional. No entanto, eles não haviam reunido todos os detalhes, e não conseguiram levar o possível cliente a pensar que aquela seria uma grande aliança entre as duas empresas.

Mas a terceira empresa, que ponderou cada detalhe e ensaiou sua proposta, chamou atenção. Para surpresa de todos, essa pequena empresa conseguiu o grande contrato.

Moral da história: o presidente da empresa de *software* acreditou que se aquele pequeno fornecedor tinha trabalhado tanto para conseguir o negócio, certamente trabalharia muito também para mantê-lo.

"Intimidade demais atrapalha"

Um vendedor de grandes computadores estava muito próximo de fazer uma venda de expressivas proporções. Ele havia conquistado um bom relacionamento com a pessoa que tomava as decisões, ouvindo cuidadosamente o seu cliente em potencial.

Um dia, enquanto o vendedor e o futuro cliente almoçavam em um restaurante, o segundo mencionou que estava animado com a viagem que faria para um hotel-fazenda. Descreveu com entusiasmo todas as atividades às quais se submeteria para relaxar do dia-a-dia dos negócios. Disse também para o vendedor não se preocupar pois, assim que voltasse, retomariam a negociação.

No primeiro dia no hotel-fazenda qual não foi a surpresa do cliente ao ver o vendedor caminhando em sua direção com um largo sorriso. O vendedor pensou que o cliente teria uma surpresa maravilhosa por encontrá-lo ali, assim poderiam ficar mais próximos e partilhar a experiência.

Em vez de maravilhosa, a experiência foi horrível. O vendedor foi evitado o tempo todo e acabou afastado da conta de seu possível cliente.

Moral da história: não ultrapasse a delicada fronteira entre a amizade feita no trabalho e a vida pessoal, como fez o vendedor. Ele errou ao invadir a privacidade do cliente.

"Ponha os pingos nos is e corte todos os ts"

Um outro vendedor de grandes computadores, um dos melhores da empresa, aprendeu uma difícil lição relacionada à falha na comunicação.

O cliente queria um novíssimo sistema de computadores que custava uma fortuna, mas que não ficaria pronto até o trimestre seguinte. O vendedor sugeriu que o cliente ficasse com um outro sistema, um pouco mais em conta, até que o sistema solicitado estivesse disponível. O novo sistema seria instalado o mais rápido possível.

Chegou o dia em que o novo sistema ficou pronto e o vendedor foi orgulhosamente anunciar a notícia e acertar a entrega. Disse para o cliente:

– ... e quando instalarmos o novo computador, vamos remover o antigo.

O cliente respondeu:

– Espere um minuto. Você nunca disse nada sobre remover o primeiro computador. Mostre-me onde está isso no contrato. Vamos ficar com os dois.

A empresa teve de engolir a perda de um valor altíssimo e o vendedor não conseguiu a comissão que esperava. Por sorte, ele estava no topo da organização, senão provavelmente teria perdido o emprego.

Moral da história: sempre peça para outra pessoa revisar seus contratos a fim de verificar se não há erros e omissões. Uma consultoria jurídica também pode ajudar.

"Gestão de tempo é fundamental"

Certa vez, eu notei que precisava renovar minha cozinha. Vi a propaganda de um novo material para bancadas de que eu nunca ouvira falar. Para tomar a decisão certa, convidei o proprietário da empresa para vir até a minha casa e mostrar o produto.

Ele veio e exibiu sua mercadoria, mas mesmo assim não fiquei convencida. Então, por sua vez, ele me convidou a visitar seu *showroom*, que ficava um pouco distante de casa. Isso representava, para meu marido e eu, algumas horas perdidas no sábado.

Quarenta e cinco minutos depois, quando chegamos ao *showroom*, a esposa do proprietário nos cumprimentou, perguntando incrédula: "O que vocês estão fazendo aqui?".

Ao ouvir que tínhamos ido até lá para visitar o *showroom*, ela empalideceu.

O proprietário não usava agenda e não havia mencionado nosso encontro para a esposa. Tínhamos chegado na mesma hora em que estava acontecendo uma feira de decoração e jardinagem em uma cidade distante dali. O *showroom* inteiro tinha sido desmontado e levado para a feira. Bem, é claro que não fechamos negócio com ele.

Moral da história: coloque sua agenda no computador e mantenha-a atualizada. Leve também, sempre com você, um caderninho de reserva para agendar seus compromissos.

"O medo atrapalhou"

Uma importante empresa estava promovendo uma licitação para instalar um novo sistema de armazenamento de informações. Uma empresa fornecedora colocou as equipes técnica, de serviços e de vendas para trabalhar dia e noite a fim de entregar a melhor proposta que já haviam preparado. A licitação era para um cliente atual da equipe. Eles estavam determinados a vencer.

O vendedor responsável, Bruno, havia entrado no ramo de vendas porque acreditava que ali conseguiria dinheiro rápido e fácil. Nunca trabalhara com vendas antes, mas julgava que sabia vender. Nunca fazia perguntas, não procurou um conselheiro e não conversou com a pessoa responsável pela conta antes dele.

Bruno encontrou todas as desculpas possíveis para trabalhar a distância. Fez, pessoalmente, poucas visitas de vendas. Em vez disso, o pessoal da área técnica era enviado para conversar com outros técnicos.

Motivos e metas jamais foram discutidos com os executivos que tomavam as decisões. Reuniões com os responsáveis pela decisão foram evitadas a todo custo, porque Bruno não tinha autoconfiança suficiente para falar com eles.

Bruno não entendia que quando um cliente pedia informações era importante perguntar: "Para quando você precisa disso?".

Também não percebeu que os clientes gostam de receber telefonemas e visitas, e de ser tranqüilizados de que todo o possível está sendo feito por eles. Ele não sabia que os clientes são pessoas que querem conhecer razoavelmente bem seus fornecedores.

O pior erro cometido por Bruno foi vender da própria mesa, tentando adivinhar o que o cliente queria. Ele tinha medo de visitar o cliente para descobrir os fatos pessoalmente. Dúvidas sobre serviços adicionais, orçamentos e listas de pedidos nunca foram mencionadas.

Bruno nem mesmo perguntou como seria efetuada a decisão do fornecedor ou quais fatos pesavam mais na decisão. Na realidade, ele sabia muito pouco sobre essa grande conta.

A outra empresa concorrente não tinha o melhor equipamento. Sua oferta continha menos equipamentos por um preço menor, sabendo que, se a oferta fosse aceita, precisariam acrescentar mais equipamentos quase que imediatamente. O cliente percebeu a tática.

Como a segunda empresa tinha de superar a insuficiência de seus equipamentos, sua vendedora visitou os responsáveis pela decisão. Explicou as estratégias propostas pela sua empresa e como poderiam trabalhar juntos. Ela havia entendido os desafios do cliente em potencial e o que precisava fazer para ajudá-los.

Em momento algum ficou com medo. Claro que a empresa dela venceu a licitação e pegou o contrato.

Depois que a decisão foi tomada, Bruno recebeu um e-mail irônico do cliente pedindo para se encontrar com o diretor regional da empresa dele. Além de ter perdido a conta, o cliente estava ofendido com a falta de interesse de toda a empresa em atendê-lo.

E mais, a empresa de Bruno ficou suspensa por um ano. O ex-cliente emitiu uma determinação dizendo que nenhum negócio deveria ser conduzido com a empresa durante aquele período.

Moral da história: os dois lados lucram quando as vendas são baseadas em relacionamentos e soluções. Sem esses dois componentes, uma proposta fica sem sentido e o negócio é perdido. A abordagem da Vendedora Boazinha vence quase sempre!

Vendas bem-sucedidas são baseadas em relacionamentos sólidos e soluções em que todos lucram.

É preciso vender pessoalmente, conhecer bem seus clientes e manter contato constante com eles.

"Dá para acreditar?"

Nosso amigo Leandro contou a seguinte história para mim e meu marido enquanto jantávamos. Não se trata apenas de uma história interessante; mostra como um vendedor pretensioso, Gustavo, violou todas as regras do Vendedor e da Vendedora Boazinha do livro.

Leandro era o líder de uma equipe que foi criada exclusivamente para auxiliar os executivos da empresa em uma importante compra de espaço para armazenamento de dados.

Leandro começou:

– A história de Gustavo começa antes de ele trabalhar na função de vendedor, antes de ele vender para a minha equipe. No começo, Gustavo trabalhava em uma função técnica. Certo dia conheceu outro gerente da minha empresa. Esse gerente gostava de freqüentar casas noturnas e Gustavo adorava acompanhá-lo. Era interessante para Gustavo, porque podia incluir essa atividade de ambos como despesa da empresa dele para conquistar o cliente. E também acreditava que, por ter um relacionamento tão próximo com o gerente, acabaria se tornando naturalmente um vendedor. Ingenuamente, Gustavo não percebeu que o gerente simplesmente o usava para ir a esses lugares e beber de graça.

Então Gustavo agarrou rapidamente a primeira oportunidade que surgiu e tornou-se um vendedor. Resolveu vender para a nossa empresa em vez de permanecer na área de suporte técnico. Logo percebeu que eu estava no comando de uma equipe que tinha a atenção da alta gerência. Como nunca havia vendido antes, Gustavo imaginou que seria muito mais simples vender para mim do que para os executivos. Rapidamente eliminou o medo de trabalhar com executivos por meio de uma artimanha. Gustavo direcionou todo o seu tempo a mim e à minha equipe no nível técnico, com o qual se sentia mais confortável.

Leandro continuou sua história.

Ao mesmo tempo, Gustavo sentia falta das casas noturnas. Não perdia uma oportunidade para tentar convencer minha equipe a ir com ele, mas ninguém estava interessado. Os homens da minha equipe eram casados e se sentiam injuriados com a idéia de pisar nesses lugares. Gustavo não se importava com mais ninguém. Só se preocupava com os próprios desejos. Finalmente, não agüentei mais suas investidas. Acabei me "voluntariando" a ir a uma dessas casas noturnas para que Gustavo nos deixasse em paz e pudéssemos voltar nossas atenções para o trabalho novamente.

A história de Leandro foi ficando cada vez mais interessante.

Enquanto relaxávamos no clube com as bebidas nas mãos, Gustavo falou:

– Estou meio sem grana este mês. Se você desembolsar uma graninha podemos nos divertir muito, e vai ficar tudo por conta da minha empresa mesmo!

(Meu marido e eu não parávamos de rir.)

Eis o resultado do detestável passeio:

Aquela foi a última visita de Gustavo a uma casa noturna com um funcionário do cliente.

Leandro pediu que Gustavo fosse removido da conta.

Moral da história: um momento de diversão não vale a perda de um emprego. Escute seus clientes!

Dicas de vendas da Vendedora Boazinha

1. Aprenda com os outros.
2. Reúna-se com os principais responsáveis pelas decisões.
3. Entenda os requisitos e objetivos do cliente.
4. Faça tudo o que estiver ao seu alcance para satisfazer esses requisitos e objetivos.
5. Coloque sempre os interesses do cliente em potencial à frente dos seus.
6. Peça que a gerência ou o departamento jurídico leia seus contratos.
7. Respeite cada uma das pessoas.
8. Se você estiver buscando um negócio, ignore outras distrações.
9. Faça a venda pessoalmente.
10. Estabeleça relacionamentos sólidos.
11. Os vendedores é que devem vender, não os técnicos. Os técnicos são um excelente suporte às vendas, pois trazem informações valiosas para os clientes. Entretanto, a maior parte dos técnicos se concentra exclusivamente em como as coisas funcionam. Os executivos preferem saber como os equipamentos técnicos vão melhorar os resultados, a disposição dos funcionários e/ou o fluxo de caixa. Os vendedores experientes é que estão treinados para falar sobre todas essas questões com os executivos.
12. Treine as apresentações para realizá-las de forma eficiente.

13. Respeite a privacidade dos outros.
14. Tenha sempre uma agenda manual e outra computadorizada.
15. Nunca peça dinheiro aos clientes, principalmente para coisas que não desejem.
16. Deixe o cliente definir o comportamento adequado.

CAPÍTULO 17

SE VOCÊ QUER SABER O QUE O CLIENTE ESTÁ PENSANDO, PERGUNTE!

Para ter sucesso como vendedora interna é preciso treinar o seu ouvido, afinal você vai precisar compensar o fato de não poder ver as expressões faciais ou ler a linguagem corporal do cliente. A empresa de alta tecnologia foi a primeira na qual aceitei uma posição de vendedora interna. E, como você já deve ter adivinhado, mais uma vez não houve treinamento!

Lá estava eu, com conhecimento limitado em computação, contratada para vender publicidade *on-line* para sites financeiros. Como poderia fazer aquilo? Não tinha a mínima idéia. Então fiz a única coisa lógica em que pude pensar – expliquei o meu caso para um cliente em potencial.

Para compensar o fato de ter roubado minha venda surrupiando o papel do aparelho de fax, o gerente me falou de Nanci, diretora de publicidade de uma agência de propaganda. É claro que ele não disse que tinha discutido com ela e que ela havia pedido para que ele não ligasse nunca mais. A sorte não jogava a meu favor, mas eu não sabia.

Peguei o telefone para ligar para Nanci. Quando ela atendeu, eu me apresentei (ouvi seu suspiro) e perguntei se tinha cinco minutos para conversarmos.

Usei toda a minha delicadeza de Vendedora Boazinha e ela acabou concordando. Antes de uma importante pergunta, eu disse o seguinte:

– Tenho uma extensa experiência em vendas e minha reputação por atender bem os meus clientes também é muito boa. Mas preciso confessar que nunca vendi publicidade para internet antes. Você poderia me dizer o que espera dos fornecedores quando oferece uma publicidade para seus clientes? Quero saber o que faz você tomar uma decisão e dizer: "Sim, eu quero comprar de você".

A reação de Nanci me surpreendeu. Ela ficou lisonjeada e confirmou isso. Passou a me ensinar o que as agências de publicidade querem receber dos fornecedores.

Quando terminamos, eu tinha uma longa lista do que ela buscava para seus clientes. Mais uma vez, ao concluir, repeti suas palavras para testá-la:

– Você está dizendo que se eu fornecer os materiais X, Y e Z para você analisar, irá considerá-los seriamente para seus clientes?

Eu não podia acreditar que fosse assim tão fácil e que ela pudesse comprar de mim depois de eu ter pedido a ela que me ensinasse.

Ela falou:

– Lógico. Mande-me os materiais.

Garanti a ela que teria tudo em 24 horas e agradeci profundamente a lição e o tempo dispensados a mim.

Quarenta e oito horas após a entrega, Nanci havia consultado seus clientes e eu tinha um pedido aguardando no aparelho de fax. Lembre-se de que isso aconteceu durante a rápida expansão da economia de várias empresas que vendiam pela internet.

Ainda não acreditando que fosse tão simples vender as caras publicidades *on-line* (comparadas às copiadoras e impressoras em que uma venda desse tamanho podia levar até seis meses), liguei para outra agência de publicidade que encontrei na lista telefônica e pedi para falar com o diretor.

Uma homenagem ao marketing vertical

A forma mais rápida de começar um negócio ou uma nova área de vendas é usar o conceito de marketing vertical.

Para quem não conhece, o marketing vertical significa que ao encontrar um setor pelo qual tem interesse ou com o qual goste de trabalhar, você deve localizar outras empresas do mesmo setor para fazer contato.

Várias coisas começam a acontecer quando você faz marketing vertical. Automaticamente você mostra credibilidade.

Depois de conquistar a primeira empresa, você aprende um pouco do jargão do setor, seus desafios e metas. Se você conseguiu uma boa sintonia com o cliente anterior, passa a ter uma boa idéia de como vender para o próximo cliente. Se você está numa posição de vendas com área aberta, facilmente será capaz de aplicar o conceito do marketing vertical.

À medida que demonstrar competência nas contas que lhe foram designadas, solicite ao seu gerente permissão para fazer novos contatos de apresentação a fim de desenvolver novas oportunidades de vendas. Essa é uma autêntica estratégia da Vendedora Boazinha para conseguir o que quer. Nenhum gerente ou proprietário de empresa em sã consciência recusará negócios extras e, acredite, nenhum vendedor pedirá permissão para abrir novas oportunidades de vendas. Essa será a sua chance de se concentrar no setor que você acredita ter melhores oportunidades de sucesso.

Depois de receber permissão, a prática mais eficiente é definir uma longa lista de pessoas de alto nível para contato e começar pelo topo dela. Defina uma meta para o número de novos contatos que deseja fazer diariamente.

Por exemplo: você se propõe a fazer dez telefonemas extras toda manhã para empresas criadoras de jogos de computador. Um passo importante é começar a desenvolver seu plano de ação imediatamente. Usar esse método a ajudará a aumentar sua lista de contatos.

O principal ponto a ser considerado é: o marketing vertical possibilita que você comece bem e progrida muito rápido. Depois de desenvolver confiança e obter sucesso em um setor, será o momento de mudar para outros setores.

Quanto maior a sua versatilidade para vender, maior o retorno financeiro.

Escolhi agências de publicidade e os diretores dessas agências

Reproduzi para a segunda diretora de publicidade todos os itens que Nanci havia pedido ao considerar uma publicidade para seus clientes. Essa segunda diretora ficou extasiada. Falou:

– Eu nunca encontrei um representante de vendas que quisesse saber tudo o que é necessário avaliar para a compra de uma publicidade em nome do cliente. É incrível que você tenha uma lista completa. Mande tudo para mim que eu compro de você!

Apenas para me certificar, tentei mais agências e fiz a mesma pergunta sobre os materiais necessários para se avaliar a compra de publicidade. A resposta foi a mesma.

Relembrando o ditado: "Em time que está ganhando não se mexe".

Busquei na internet todas as agências de publicidade da região. Sistematicamente, descobri o nome do diretor de cada uma. Contei sobre minhas descobertas em outras agências e perguntei se trabalhavam da mesma forma.

Todos pediram que eu mandasse os materiais para serem analisados. As vendas começaram a brotar.

A única coisa que me impossibilitou de obter uma renda extraordinária foi a queda dramática do mercado de ações das empresas de internet. Ninguém queria comprar publicidade, muito menos em sites financeiros. Tinha chegado a hora de mudar.

CAPÍTULO 18

COMPLETE TRANQÜILAMENTE O CICLO DE VENDAS COM REUNIÕES EFICAZES

Todos os clientes percebem na hora a minha técnica da Vendedora Boazinha. A primeira pergunta que faço em uma reunião, lembrando quanto foi difícil chegar até lá, é:

– Sei que você é muito ocupado. Por favor, diga-me: qual foi o motivo para você me receber hoje?

As respostas certamente serão valiosas, além do que a pergunta demonstra a sua consideração pelo tempo do cliente em potencial – o que ele adora – e ele é obrigado a responder honestamente o que lhe interessa.

Isso elimina a resposta costumeira:

– Ah, eu estava apenas curioso. Na realidade, não precisamos de nada.

Respondida a pergunta, você saberá como começar sua apresentação.

Para construir o relacionamento, outra pergunta muito boa antes de começar é:

– Há quanto tempo você está neste cargo?

Se for menos de um ano, pergunte o que a pessoa fazia antes para conhecer um pouco de sua história. A resposta pode incluir desafios que ela enfrentou para chegar aonde está. Por sua vez, você pode direcionar a conversa para desafios que ela esteja enfrentando.

Se a pessoa disser que está no cargo há muito tempo, você pode responder:

–Você já deve ter visto muitas mudanças durante esse período.

A segunda afirmação também ajuda a fazer com que a pessoa forneça informações sobre os desafios nessa empresa.

Lembre-se do DNA das palavras

- Peça permissão para fazer anotações.
- Faça as anotações usando as palavras do próprio cliente.
- Não traduza para as palavras que você usaria.

O DNA das palavras não pode ser negado e essa tática elimina alguma potencial objeção no futuro.

Faça perguntas se não entender alguma coisa. É preciso ter confiança para dizer: "Eu não entendi direito, você poderia me explicar, por favor?". Se não ficar claro o que foi dito, uma das seguintes situações pode acontecer, e nenhuma das duas irá ajudá-la.

1. Você poderá cometer algum erro na proposta, mesmo involuntariamente, o que aborrecerá o cliente a ponto de não comprar nada de você.
2. Se você não faz perguntas, o cliente em potencial pode pensar que você não está interessada e está apenas atrás de dinheiro fácil.

A filosofia da Vendedora Boazinha sugere que você comece a reunião como uma consultora. Permita que seu cliente fale primeiro, fazendo uma pergunta aberta, do tipo:

– Fale-me detalhadamente sobre os desafios que você está enfrentando para que eu possa saber se posso ajudá-lo e como posso fazer isso.

As perguntas abertas permitem que o cliente comece a falar demoradamente.

Em cada nova reunião, você tem três objetivos. O primeiro é ir a fundo para descobrir onde ocorre perda de dinheiro e de produtividade do cliente. O segundo é encontrar de três a cinco intenções de compra e o terceiro objetivo é encontrar de três a cinco necessidades. A intenção de compra é identificada quando o cliente em potencial concorda com você, como na frase: "Sim, serviço é mais importante que preço". Outro método para fazer com que o cliente concorde com você é fazer perguntas com introduções como:

- Não é...
- Não seria...
- Não poderia...
- Não deveria...
- Se eu pudesse, você iria...

Por exemplo:

- *Não é verdade que rapidez é muito importante?*
- *Não seria preferível que seu fornecedor oferecesse piscinas olímpicas?*
- *Se eu pudesse oferecer um suprimento de um ano de canetas esferográficas, você se interessaria?*

Ao obter um *"Sim"* para essas perguntas no decorrer da conversa (você não fará todas elas de uma só vez, é claro), você vai gradativamente atraindo o cliente, pois a conversa se tornou muito positiva. Ele está começando a acreditar que você quer realmente ajudá-lo e que está buscando as melhores soluções possíveis para ele.

Fazendo essas perguntas, você logo terá aquelas três a cinco intenções de compra de que precisa. Essas intenções de compra também tornarão o cliente mais receptivo para admitir suas três a cinco necessidades quando for a sua vez de fazer a apresentação e mais perguntas.

Tenha consciência de que apenas uma necessidade não produz uma venda. Ao contrário, o cliente ficará sentado esperando. Para se sentir verdadeiramente motivado a fazer uma mudança dispendiosa, ele precisa ter de três a cinco necessidades. É indispensável fazê-lo acreditar que você é a pessoa que poderá satisfazer suas necessidades e ajudar a empresa a crescer. Com perguntas e indagações você encontrará as informações necessárias para avançar até a fase da proposta.

Mas ainda há muito trabalho a ser feito. Retornando às nossas perguntas e respostas, a resposta de seu cliente em potencial pode ser:

– Estou perdendo dinheiro porque o processo de trabalho é muito vagaroso.

Leve a conversa adiante respondendo, por exemplo:

- *Então você está perdendo clientes porque o tempo de execução do trabalho está muito lento?*
- *O moral anda meio baixo por causa das frustrações no trabalho?*
- *Seus funcionários entram e saem de sua empresa porque o moral está meio baixo?*
- *Quanto está lhe custando recontratar, treinar e introduzir na empresa novos funcionários?*

Seu cliente sente no bolso que contratar e treinar novos funcionários é um custo muito elevado.

- *Quanto você acredita que lhe custará se não fizer nada para aperfeiçoar o sistema?*

Você consegue ver como uma afirmação pode levar a muitas outras perguntas pertinentes? Você consegue ver também como uma afirmação pode levar à justificativa para a aquisição de novos serviços?

A última pergunta fará com que o cliente em potencial avalie o custo de não fazer nada – o que leva à perda de negócios – em relação ao custo da contratação de um novo serviço, que vai lhe gerar mais renda.

É isso que uma consultora faz, ela e o cliente se ajudam para chegar a uma solução boa para o cliente. Quando você passa de vendedora a consultora, essas perguntas são todas respondidas com honestidade. As perguntas devem ser feitas com diplomacia para que o cliente perceba seu desejo de ajudá-lo a resolver a situação.

À medida que as respostas fluírem, faça perguntas pertinentes e específicas para entender de fato as implicações e os prejuízos que podem estar ocorrendo no restante da empresa.

Finalmente, você deseja saber como seus dois principais concorrentes (não necessariamente o maior e o melhor, mas aqueles com os quais você depara com maior freqüência) realizam ou implementam um serviço semelhante. Não fale mal da concorrência; ao contrário, compartilhe seu conhecimento sobre ela e como ela opera. Saiba como manipular as diferenças em seu favor. Então, pergunte ao cliente em potencial qual é o método preferido dele. Isso dará uma oportunidade extraordinária de mostrar o que você tem a oferecer – desde que você seja 100% verdadeira.

Por exemplo: o cliente está pensando em comprar uma copiadora ou simplesmente contratar uma empresa que faria as cópias para ele. Se você fosse a vendedora da copiadora, poderia perguntar:

– Os projetos são entregues a você no prazo previsto em 100% das vezes? e

– Os projetos chegam formatados corretamente em 100% das vezes?

De acordo com a minha experiência, ao ouvir essas perguntas as pessoas riam e se lembravam das experiências desagradáveis de ter de atrasar a entrega de um projeto e agüentar as conseqüências.

No entanto, se eu vendesse serviços de uma empresa que faz cópias de documentos, perguntaria aos clientes em potencial:

– O técnico sempre aparece na hora que você chama? Você já atrasou a entrega de um projeto por causa de um defeito no equipamento? Como é o serviço quando chove muito? O tempo que leva para o técnico aparecer é maior na época de chuvas fortes?

Enquanto eu pintava o quadro dos atrasos e do tempo perdido até que as copiadoras fossem consertadas, podia ver o estresse estampado em seus rostos. Eles estavam prontos para falar sobre a possibilidade de contratar um serviço em vez de ter uma copiadora.

As perguntas e a demonstração de integridade durante a reunião são apreciadas, pois indicam que você está prestando atenção e realmente interessada em solucionar os problemas do cliente. Quando o seu cliente em potencial conclui que você realmente se preocupa e que o ajudará a resolver os problemas, você sobe um degrau na consideração dele, passa da posição de consultora para a de parceira. Você consegue ir fundo e descobrir o que está causando os problemas e ao mesmo tempo cria uma solução lucrativa para ambas as partes.

Você não vende um produto ou serviço; você vende a si mesma! Vende seu serviço e valor. Quando o cliente percebe o valor que você traz para a reunião, as objeções quanto a preço quase sempre desaparecem. Ainda assim, você terá de perguntar qual é o orçamento disponível. Uma outra estratégia é indagar:

– Se dinheiro não fosse problema, qual seria sua lista de pedidos?

Os clientes adoram essa pergunta, pois ela permite que eles sonhem, nem que seja por um minuto. Muitos vendedores acham que são ocupados demais para fazer esse tipo de pergunta e acabam não fazendo. Quando todas as propostas são recebidas, a sua é lida com ansiedade. Decididamente, ela se destacará e você será lembrada como a Vendedora Boazinha.

Meus clientes sempre perguntam se devem baixar os preços quando ouvem do cliente deles que estes são muito caros. A resposta é simplesmente não. Baixar o preço mostra falta de confiança em si e na sua empresa. Explicando um pouco mais, esses negociadores que consideram a possibilidade de baixar os preços não fizeram uma pesquisa adequada para entregar um orçamento justo, negligenciaram informações vitais, tais como orçamento, justificativa de preço e tempo na fase de perguntas e respostas.

Ao vender seus serviços, você deve sempre encontrar uma justificativa de tempo e custo para a troca de fornecedor. Outras perguntas seriam:

– Você já pensou no custo se tudo ficar como está? Você está perdendo clientes, lucros ou funcionários. Quanto isso está custando? Quantos negócios você acredita que conseguirá mudando para o nosso serviço?

Os clientes têm os mesmos problemas de receita, de dinheiro em caixa que você. Eles também precisam vender com lucro. Se você puder discutir pessoalmente sobre os desafios e metas de receita dele, será fácil se tornar uma parceira.

É preciso estudar com ele as contas de lucro/prejuízo. Resumindo, a Vendedora Boazinha chega ao cliente revelando sinceridade e integridade, e ela se baseia em valores fortes e importantes.

Quando todas as perguntas tiverem sido respondidas, é a sua vez de tomar a palavra. Assim que começo a falar, menciono o preço. É aí que me diferencio da maioria dos vendedores. Certo dia, no corredor de um escritório, alguns colegas do sexo masculino, inclusive a gerência, discutiram aos gritos comigo dizendo que eu estava "louca" em falar de preço logo no início da conversa. Eles não enxergavam que eu podia fazer isso e mesmo assim ser uma das principais vendedoras da empresa. A primeira coisa que digo é:

– Minha empresa não é a mais barata do mercado. Se preço é a primeira e única coisa mais importante para sua empresa, então não somos a fornecedora certa para vocês. Por outro lado, eu tenho certeza de que realmente temos uma solução excelente para o seu problema, e dou garantias de que podemos vender um serviço excelente para vocês.

Diga-me uma coisa: você está mais preocupado com preço ou está procurando uma solução completa para o seu problema?

A maioria das pessoas estremece só de pensar em mencionar preço logo no início. Meu pensamento de Vendedora Boazinha é que esconder o preço até o fim da reunião ou, o que é ainda pior, não revelar o custo até a apresentação da proposta é extremamente antiético. Eu penso que mostrar o preço no início da conversa elimina os clientes que não estão interessados e evita objeções quanto ao custo do negócio quando chega a fase de entregar a proposta.

Com as breves e sinceras declarações apresentadas anteriormente, você preparou o caminho para obter numerosos benefícios: agora você é capaz de gerar lucro razoável desde que siga as diretrizes estabelecidas pelo cliente e tenha seu orçamento em mente.

Agora o cliente concorda que a solução inteira é mais importante que o preço.

Se o preço é mencionado logo no início, seus clientes em potencial apreciam sua honestidade. Essa abordagem da Vendedora Boazinha a fará se destacar da concorrência.

Os clientes querem acreditar que compraram o melhor que podiam. Ao cobrar um valor mais alto (dentro do que é razoável) por seus produtos ou serviços, o cliente tem a impressão de ser melhores do que se você os oferecesse com uma taxa de desconto.

Pense nas lojas de um shopping. Quando você vê uma loja de roupas de grife ao lado de uma loja de roupas mais baratas, você às vezes não pensa que gostaria de ter mais dinheiro para poder comprar as roupas de grife?

É o mesmo conceito. Você quer apresentar o valor máximo para gerar um lucro justo. Você também quer vender com a seguinte premissa: "você recebe por aquilo que paga". Agregando valor ao que está vendendo, você é capaz de atingir o objetivo de gerar mais lucro.

Veja um exemplo. Eu costumava dizer aos clientes que com o tempo a copiadora precisaria de manutenção. E que quando isso acontecesse, eles teriam de ligar para o 0800 e entrar na fila de espera pelo serviço. No entanto, se o problema fosse muito sério, eles deveriam ligar para mim e eu faria todo o possível para resolvê-lo imediatamente.

Apenas essa oferta da Vendedora Boazinha fazia uma enorme diferença. Muitos vendedores não se colocariam à disposição dessa maneira. Os clientes confiavam muito em mim e eu sempre levava o negócio até o fim.

A finalização da venda é o ponto em que 90% da concorrência falha.

A maioria dos profissionais de vendas procura clientes "fáceis". Eles não querem ficar em uma situação delicada, ser postos à prova ou fazer algumas ligações a mais por causa dos clientes. Simplesmente querem o pedido com pouco ou nenhum esforço. Atualmente, os compradores são espertos demais para tolerar a busca de vantagem pessoal por parte do fornecedor.

O que eu acho engraçado é que esses mesmos profissionais ficam anos reclamando daquele atacante que não finaliza, ou seja, que não faz gol, mas, quando a própria renda está em jogo, dão pouca importância à finalização da venda. Concentre-se em melhorar cada vez mais as suas finalizações nas vendas e você terá um belo aumento de renda.

Jamais faça uma promessa que não pode cumprir. As pessoas vão comentar que você não cumpre sua palavra e seus negócios irão por água a baixo.

Ao elaborar propostas, é preciso ter em mente que as pessoas não gostam de ler, muito menos ler coisas sem importância. Mude o estilo das propostas limitando-se aos fatos. Essa técnica é especialmente importante se você conseguiu assimilar o vocabulário do cliente. Sua proposta vai parecer muito digna de crédito, ao contrário das outras.

Estratégias para respostas

O cliente em potencial faz perguntas em meio às suas perguntas esperando que os dois estejam falando a mesma língua. É muito importante prestar atenção à pergunta dele. Digo isso porque fiz perguntas a respeito de dois tipos diferentes de negócios e passei por duas experiências desagradáveis.

A primeira pessoa a quem formulei uma pergunta sobre mudar para o serviço que ele estava oferecendo deu uma resposta que durou 45 minutos. Foi muito difícil suportar o monólogo até o fim. Quando ele terminou, eu disse o seguinte:

– Foi uma fala fascinante, mas não respondeu à minha pergunta.

Acredite, fiquei com medo de outra resposta de 45 minutos.

O fato de não tentar primeiro entender minha pergunta e a indelicadeza de não responder sucintamente me levaram a acreditar que ele estava mais interessado no próprio sucesso do que em minha situação. Conseqüentemente, ele perdeu o negócio.

A segunda situação aconteceu em uma famosa loja de materiais para o lar, onde pedi orientação à vendedora sobre novos produtos de limpeza. Para o meu horror, ela me respondeu:

– Mas cuidado se você for fazer algum trabalho pesado. Quando for fazer limpeza em sua casa, peça ajuda de alguém mais novo!

Sua resposta fez com que me sentisse velha. A primeira coisa que fiz quando voltei para casa foi me olhar no espelho. Ela teve sorte de ser eu a pessoa a ter ouvido aquela resposta.

Pense sempre antes de falar. Uma pequena pausa pode ajudar. E, lembre-se: se um cliente faz uma pergunta a que você não pode responder, é preciso ter confiança e atitude de Vendedora Boazinha para dizer:

– Eu não sei, mas darei uma resposta em 24 horas.

Mais uma vez, a honestidade é apreciada e ajuda você a ter credibilidade e criar confiança. Certifique-se apenas de que a resposta seja dada dentro do prazo. Se um especialista ou uma pessoa de destaque de seu escritório puder dar credibilidade à continuidade da venda, peça que a acompanhe. Mas esteja certa de que ele não aborrecerá o cliente em potencial ao ponto de ele decidir não fazer negócio.

Dicas de vendas da Vendedora Boazinha

1. Esteja bem atenta quando lhe fizerem uma pergunta.
2. Dedique alguns momentos para compreender a pergunta e formular uma resposta que não ofenda.
3. Dê uma resposta curta.

Estratégia para perguntas: desenvolvendo necessidades e desejos

À medida que os clientes começam a confiar em você e a dizer o que estão pensando, você passa a responder diretamente às declarações deles. Conforme eu disse antes, esclareça todas as suas dúvidas.

Se o comentário de um cliente levar a dois caminhos diferentes, pergunte qual deles seria o mais importante. Você deve formular a pergunta de tal modo que ele escolha o caminho no qual sua empresa possa oferecer os melhores serviços.

Por exemplo: durante um período muito curto, tentei vender planos de seguro saúde de longo prazo. Não agüentei muito tempo porque achei o assunto muito deprimente – não era um bom ambiente para vender! Entretanto, havia uma pergunta que todas as empresas do ramo precisavam fazer para conduzir os clientes em potencial pelo caminho certo a fim de concluir a venda.

O assunto era o que fazer se o seu ente querido precisasse do seguro e de um enfermeiro particular para assistência médica imediata.

Os concorrentes diziam:

– Com nossa empresa, você pode chamar quem quiser para cuidar de seu(sua) esposo(a). Dessa forma, você ficará totalmente tranqüilo(a) com a pessoa que vier à sua casa.

Sabendo que era importante, levantei essa questão primeiro e perguntei:

– Caso seu(sua) esposo(a) ficasse doente, você saberia quem são os melhores enfermeiros? Você saberia a quem contratar e em quem confiar? Nossa empresa enviará um especialista para determinar quem é a pessoa mais indicada para atender às suas necessidades em um momento tão estressante. Isso seria importante para você?

Na maior parte vezes, as pessoas às quais fiz a pergunta não conheciam nenhum enfermeiro e diziam que sim, seria importante receber a visita de um especialista primeiro. A forma como minha empresa lidava com a situação era o que eles queriam.

A pergunta fez minha empresa se destacar dos concorrentes e abriu caminho para ela ser seriamente considerada como a fornecedora pelo cliente em potencial.

Perguntas específicas a fazer

Estas são as perguntas específicas que devem ser feitas para elaborar uma proposta válida:

- Qual é o seu orçamento?
- Quanto você gastaria se tudo ficasse como está?
- Em que você se baseia para tomar essa decisão?
- Você poderia dar uma ordem de importância aos seus critérios?
- Se você tivesse uma lista de pedidos, como seria?
- O que faria você dizer "sim"?
- Que outros fornecedores está avaliando?
- O que procura em um fornecedor?
- A minha empresa parece ser uma empresa com a qual gostaria de trabalhar?
- Eu serei sua representante. Você ficará feliz em trabalhar comigo?
- Qual é o seu prazo para fazer a mudança?

Agora você quer saber por que deve fazer essas perguntas. Está bem, vejamos uma por uma, pela ordem.

Orçamento

Sem conhecer a quantia aproximada que seu cliente em potencial tem em mente, sua proposta não será válida. É preciso discutir isso a fundo e não ter medo da resposta.

Se o cliente declarar um valor muito baixo para o orçamento e isso lhe parecer ridículo, será preciso identificar exatamente de quais produtos ou serviços a empresa realmente precisa. Em seguida, o seu trabalho será explicar os detalhes, colocar todos os requisitos juntos e conseguir a anuência do cliente de que haverá espaço no orçamento para conseguir o que ele busca.

Não prosseguir

Lembre o cliente de todos os problemas que ele contou a você e das implicações de um negócio lento ou até da perda de um negócio. Caso a rotatividade de pessoal tenha se tornado um problema, lembre-o do alto custo de novos treinamentos. Isso determinará se o seu cliente em potencial está disposto ou não a prosseguir.

Base para a decisão

Essa pergunta determinará se você é uma séria candidata ao negócio. Nesse momento você saberá se será capaz de satisfazer os requisitos do cliente.

Às vezes é preciso dizer "Sinto muito, mas não podemos fazer isso" e ir embora. Na maior parte das vezes, entretanto, a resposta permitirá que você se concentre no que precisa dizer em seguida e em como elaborar a proposta.

Priorização dos critérios

Com isso você sabe exatamente o que é mais importante e o que deve ser enfocado nas próximas reuniões e em sua proposta.

Lista de pedidos

Às vezes, seu cliente em potencial pode ser franco e falar sobre as metas pessoais e as metas da empresa. Essa pessoa ficará feliz em dizer qual é a lista de pedidos e identificar os extras a serem incluídos em sua proposta.

Será preciso optar por um entre dois caminhos nessa seção: 1. criar um pacote mais caro com lucro extra para você; ou 2. incluir o máximo possível de itens da lista de pedidos, como bônus para o cliente, a fim de garantir outros negócios.

O momento do "sim"

Isso leva ainda mais longe as duas questões anteriores. A essa altura, os clientes em potencial já perceberam que você quer realmente conseguir o negócio e está claramente tentando agradar. Eles podem rir e dizer: "Não, apenas traga uma boa proposta", ou então de fato confiarão o segredo, caso exista um. De qualquer forma, você já caiu nas graças deles ao fazer perguntas inteligentes que demonstram sua preocupação em achar uma solução para eles.

Outros fornecedores

A maioria dos clientes em potencial diz o nome de outros possíveis fornecedores, enquanto alguns são mais reservados e dizem:

– Você é o primeiro,

– Você me telefonou e me pegou desprevenido

ou

– Ainda não decidi se vou avaliar mais alguém.

Essas três respostas são boas. Entretanto, se você ouvir: "Você é o único fornecedor que estou avaliando", não acredite. De acordo com minha experiência, quase sempre isso não é verdade.

A melhor situação é quando dizem quem são os outros concorrentes, pois permite que você possa efetivamente vender as diferenças entre vocês. Senão, você terá de ser perfeccionista, prestar atenção aos mínimos detalhes e prosseguir como se eles estivessem avaliando os seus principais concorrentes.

O fornecedor ideal

Mais uma vez, essa pergunta permite que você determine se sua empresa pode atender às solicitações do cliente em potencial. Se as solicitações forem válidas, você saberá que está no páreo.

Trabalhando comigo

Essa é uma de minhas perguntas favoritas. Ela deixa o cliente desarmado, pois ele precisa dar uma resposta verdadeira. Pega-os desprevenidos, e, ao observar a expressão facial e a linguagem corporal, você percebe instantaneamente se tem uma chance razoável de êxito. Essa é uma autêntica estratégia da Vendedora Boazinha e a pergunta é feita com inocência. Não acredito que nenhum dos homens com os quais trabalhei todos esses anos faria essa pergunta. Não acredito que seu ego suportaria um "não".

Geralmente, a essa altura, se o cliente em potencial diz "Sim, eu gostaria de trabalhar com você", sua chance de sucesso é muito maior que a dos concorrentes. Contudo, não se iluda, o negócio ainda não está fechado. Você ainda precisa formular uma proposta bastante ponderada para ganhá-lo.

Prazo

É necessário saber, para seu próprio interesse e o interesse de sua empresa, quando o cliente em potencial planeja de fato fazer a mudança. Você precisa dessa informação para fazer previsões e cronogramas de trabalho.

Outras perguntas que podem ser feitas junto com o prazo são:

- Quanto tempo eu tenho para apresentar a nossa proposta?
- Caso eu seja aprovado como novo fornecedor, quanto tempo terei entre a aprovação e a entrega do novo serviço?

Esta última pergunta cria um cenário favorável a você, pois demonstra para o cliente que você se preocupa com cada detalhe, inclusive prazos.

Caso o período de transição seja muito pequeno, cabe a você dizer a eles o que terá de fazer para a mudança acontecer. Se tudo for esclarecido desde o início, a maioria dos clientes aceitará o que você disser.

À medida que o cliente fala de tudo o que gosta, não gosta, precisa, quer e deseja, *não* traduza as informações para o seu vocabulário. Em vez disso, escreva tudo o que está sendo dito com as palavras do próprio cliente, enquanto ele está falando.

Transcreva como se estivesse em um tribunal. Por quê?

Novamente, lembre-se do DNA da palavra – não é possível negar e essa tática elimina possíveis objeções. Essa etapa é tão importante que vale a pena ser repetida e relida.

Da mesma maneira que com as perguntas iniciais, se você não entender alguma coisa dita, pergunte. Repita as palavras que você não compreendeu bem da maneira como foram ditas. Peça explicações. O cliente vai apreciar o seu interesse e o seu desejo de obter as informações corretas.

Mais uma vez, você se colocou à frente da concorrência ao dar total atenção ao cliente. Isso é extremamente importante, já que colocará todas as palavras do cliente na proposta.

No fim da reunião, recapitule os pontos mais importantes da discussão com o cliente em potencial. Repita as etapas que ainda são necessárias antes da apresentação da proposta. Pergunte ao cliente se ainda tem alguma dúvida. Faça o possível para marcar um novo encontro antes de se despedir.

Se você ouviu atentamente, fez anotações com as palavras do próprio cliente e as transferiu para a proposta, resta pouco espaço para discussões na proposta final. Isso se assemelha a um lance do xadrez. Você poderá dizer em voz baixa "xeque-mate"!

Agora você está preparada para colocar as palavras do próprio cliente em uma proposta.

Dicas de vendas da Vendedora Boazinha

1. Pergunte ao cliente em potencial todas as informações de que você precisa.
2. Clientes gostam de passar informações aos fornecedores.
3. Faça da venda um processo em que todos saiam ganhando.
4. Pergunte aos clientes em potencial por que decidiram recebê-la.
5. Deixe o cliente falar primeiro.
6. Encontre de três a cinco intenções de compra.
7. Use perguntas que busquem comprometimento para obter essas intenções de compra.
8. Encontre de três a cinco necessidades.
9. Procure justificativas na perda de dinheiro e tempo do cliente para convencê-lo a mudar para o seu serviço.
10. Trabalhe as necessidades a fundo.
11. Tome nota com as palavras do próprio cliente.
12. Incorpore as perguntas que precisam ser feitas na discussão.
13. Pergunte o que não entender.
14. Após cada assunto abordado, recapitule os pontos mais importantes da discussão.
15. Quando for a sua vez de apresentar, fale sobre preço logo no início a fim de evitar futuras objeções.
16. Venda valor.

17. Familiarize-se com as estratégias dos concorrentes.
18. Venda as diferenças entre você e seus concorrentes.
19. Direcione o cliente em potencial a escolher qual método é mais importante.
20. Pergunte se ele se sentirá confortável ao fazer negócios com sua empresa.
21. Verifique se gostará de ter você como representante.
22. Recapitule os pontos importantes.
23. Procure saber o orçamento do cliente em potencial.
24. Determine prioridades para a tomada de decisão.
25. Peça uma lista de pedidos.
26. Procure saber o prazo que ele tem para a transição.
27. Defina uma data para uma nova visita.

CAPÍTULO 19

APRESENTE MAIS DE UMA OPÇÃO AO CLIENTE

Nas primeiras vezes, elaborar uma proposta pode ser muito demorado e cansativo. Há várias formas de facilitar esse processo, se ele for totalmente novo para você:

- Siga a ordem das perguntas.
- Reserve algumas noites sossegadas para elaborar a proposta.
- Peça para uma pessoa mais experiente ler o rascunho completo, dar sugestões e verificar a inclusão e a correção de todos os dados.

O mais difícil é começar. Comece digitando no computador todas as anotações feitas, exatamente como as escreveu nas reuniões. Lembre-se de que as pessoas não gostam de perder tempo lendo documentos longos. Mantenha sua proposta simples, objetiva e pertinente.

Sabendo que você terá de preparar uma proposta, peça para ver as propostas feitas por colegas. Adapte uma ao seu estilo e faça dela a sua. O seu estilo aparecerá na proposta e transmitirá credibilidade. Todas as propostas devem ser lógicas e demonstrar claramente o seu conhecimento sobre a empresa do cliente em potencial. Isso aumentará muito a percepção de sua credibilidade pelo cliente. Abaixo uma amostra de como deve ser uma proposta.

Tópicos

Para elaborar a proposta, desenvolva tópicos para as seções:

- *Objetivo da reunião*
- *Assuntos discutidos*
- *Perda de tempo e receita*
- *Metas pessoais e corporativas*
- *Necessidades*
- *Lista de pedidos*
- *Pacotes e preço*
- *Justificativa para cada pacote*
- *Prazos e transição*
- *Validade da proposta*
- *Contrato*

Exemplo de proposta

I. Objetivo da reunião

Uma pequena introdução de um parágrafo descreve a razão das conversas e, principalmente, por que você estava lá. "Os computadores em toda a empresa XYZ estão muito lentos e causando vários problemas, levando à perda de negócios. É de suma importância recuperar as receitas."

Você percebe como é crucial escrever a proposta com o vocabulário do próprio cliente em potencial? Um parágrafo introdutório, semelhante ao exposto acima, é contestado se ele não reconhece a própria linguagem. Se o vocabulário for reconhecido, o cliente ficará constrangido, mas pedirá que você passe adiante para descobrir como eles podem resolver o problema.

II. Assuntos discutidos

Abaixo de cada subtópico, enumere cada uma das afirmações como no exemplo a seguir:

1. Computadores lentos
2. Clientes não recebem o trabalho dentro do prazo
3. Perda de negócios

III. Perda de tempo e receita

1. Ânimo dos funcionários está baixo
2. Funcionários têm de trabalhar mais pelo mesmo salário
3. Rotatividade de pessoal
4. Custo alto e menor disponibilidade de tempo para treinamento de novas contratações
5. Clientes frustrados estão fugindo
6. Margens de lucro estão encolhendo
7. Acionistas não estão satisfeitos
8. Publicidade ruim
9. Trabalho duro para conseguir promoção, o que não é provável por causa da perda de funcionários e receitas.

Com base nessas conversas com o cliente em potencial e nas anotações cuidadosas, inclua em cada seção o máximo possível de informações concretas.

IV. Metas pessoais e corporativas

1. Desejo de férias de seis meses na Europa
2. Ganhar reconhecimento da diretoria pelo excelente trabalho na direção da empresa
3. Eliminar perda de funcionários e clientes em longo prazo
4. Conseguir referências de todos
5. Ganhar o prêmio-padrão do setor

V. Necessidades

1. Computadores mais rápidos
2. Mais memória
3. Recursos para DVD
4. Ânimo renovado
5. Recuperar negócios antigos e gerar novos

Se você abordar todas essas áreas, desejos e necessidades, criatividade, soluções de valor agregado e orçamento, a sua chance de fechar vendas crescerá rapidamente.

Em seguida, você abordará a lista de pedidos. Nas raras ocasiões em que o cliente em potencial não tiver uma lista dessas, acrescente um tópico chamado "Extras".

Use esse tópico apenas se puder acrescentar itens bem fundamentados para melhorar o que está sendo solicitado. Liste os extras embaixo com uma sentença explicando como se relacionam com as áreas já mencionadas.

VI. Lista de pedidos

1. Sistema de projeção

2. Seis computadores extras para potenciais novos funcionários
3. *Software* atualizado

Essa é a parte divertida ao se idealizar dois ou três pacotes para o cliente em potencial. Se o pacote for complicado (uma longa lista de itens), inclua apenas duas opções. Se sua solução for direta e fácil de compreender, ofereça três opções.

O primeiro pacote mostrará exatamente o que o cliente em potencial solicitou logo no início. A segunda opção inclui alguns ou todos os itens da lista de pedidos. A terceira opção inclui os extras que você considera benéficos para a empresa do cliente.

Esse tópico pode ser chamado de "Descrição dos pacotes".

Relacione tudo o que estiver incluído em cada pacote. Coloque subtítulos como "Pacote nº 1". Isso facilitará sua identificação.

As colunas facilitam a leitura e possibilitam a comparação.

VII. Pacotes e preço

Pacote nº 1	Pacote nº 2	Pacote nº 3
12 computadores	12 computadores	18 computadores
Laptop 2000	Laptop 2004	Laptop 2005
Pentium 4	Pentium 4	Pentium 5
CD externo	CD embutido	DVD/CD embutido
2 MHz	2 MHz	3 MHz
Software	Software	Software
—	Projeção	Projeção
—	—	Recursos ergonômicos de projeção
Garantia: 30 dias	90 dias	2 anos
R$ 26.000	R$ 29.500	R$ 42.500

(Nota: preços e tipos de computador nesta proposta são fictícios, servem apenas como modelo).

Com uma comparação lado a lado, o cliente em potencial pode focar o pacote que mais o favorece. Mencione que após a última conversa você pensou em incluir um período de garantia maior e também recursos ergonômicos.

A decisão de compra ocorrerá efetivamente nessa hora.

Uma vez que você já sabe o que está propondo, comece a incluir o valor de cada item. O cliente em potencial poderá comparar o custo total com os serviços de valor agregado.

VIII. Justificativa para cada pacote

Pacote nº 1

O valor do primeiro pacote deve ser inferior ao orçamento declarado. Você pode começar a apresentá-lo neste estilo:

– Você disse que seu orçamento é de no máximo 27 mil reais. Todos os componentes de *software* e *hardware* desse sistema ajudarão sua empresa e seus funcionários, considerando-se o crescimento esperado para os próximos dois anos.

Pacote nº 2

O segundo pacote pode estar dentro do orçamento declarado ou, de maneira razoável, acima do orçamento. Entretanto, essa opção deve refletir sólidas razões comerciais para estar acima do orçamento. Nesse momento, é preciso ter em mente as metas individuais do cliente em potencial, bem como as metas da empresa. Sua conversa pode ser assim:

– Embora você tenha passado um orçamento máximo de 27 mil reais, pode ser que queira considerar um valor um pouco mais alto, de 29.500 reais. Pelos 2.500 reais extras, você e sua empresa receberão um modelo de computador mais novo, um *drive* de CD embutido, um sistema de projeção e uma garantia maior.

Tecnologia mais nova, conveniência e mais tempo de garantia podem compensar ultrapassar um pouco o orçamento, mas compensam o investimento. A decisão é sua.

Pacote nº 3

O terceiro pacote deve ser apresentado como o "melhor do mercado" ou "para quando os negócios decolarem". É incluído em sua proposta apenas para seduzir o cliente em potencial. Você pode dizer com ar de provocação:

– Esse terceiro pacote é o melhor do mercado. Inclui toda a sua lista de pedidos. Além disso, pesquisei todos os produtos de *software* mais recentes e descobri que esse tipo aqui é o que mais o beneficiará

Sei que esse é um tipo de pacote fora das possibilidades, mas achei que valeria a pena colocá-lo no papel para você ver o que existe disponível e o que é possível.

Note que à medida que você lê as descrições dos pacotes 2 e 3, há palavras brandas encorajando-os a seguir em frente com uma das opções.

A estratégia da Vendedora Boazinha é parecer contente com uma venda, assim, qualquer que seja o pacote escolhido, está bom para você. Garanta ao cliente que ele receberá o mesmo serviço diferenciado, independentemente do pacote escolhido.

Às vezes você se surpreende quando a terceira opção é escolhida. Você pode ouvir:

– Caramba! Para falar a verdade, precisamos deste, vamos resolver isso agora. Vai nos economizar bastante tempo em longo prazo.

Até já ouvi:

– Vou tirar o dinheiro extra de outro orçamento.

Essas últimas declarações jamais serão ditas a você antes da proposta. Elas vêm como recompensa quando você fez o que é considerado um excelente trabalho.

Em parágrafos separados, descreva como e por que você organizou cada pacote. Relacione o pacote planejado com as informações obtidas nas reuniões, usando sempre o vocabulário do próprio cliente para minimizar as objeções.

IX. Prazos e transição

Vendedoras Boazinhas entendem que seus clientes em potencial desejam sempre uma transição fácil. Descreva, em termos muito simples, tudo o que acontecerá para que ele aproveite o que você está oferecendo.

Descreva brevemente como o prazo e a transição serão controlados, e o tempo que será necessário para a conclusão. Faça a mudança parecer fácil e com o mínimo de interrupções. Mas, acima de tudo, seja honesta.

Nesse exato momento, o cliente em potencial está seriamente considerando seu serviço. Você não quer que ele pense: "Nossa, isso é complicado. Olha no que eu fui me meter!". Nunca se iluda: "Eles assinaram, eu não preciso mais trabalhar tanto". Eu já vi muitas vendas irem por água abaixo por causa dessa atitude de outros profissionais.

Se você está vendendo um serviço que não requer transição (por exemplo: retirar o serviço antigo primeiro), descreva brevemente como a empresa vai adquirir o seu serviço, o tempo necessário para isso e quando a empresa poderá vê-lo implementado.

X. Validade da proposta

É muito importante incluir uma data de validade para a proposta logo abaixo da lista de pacotes. Determine uma data razoável seguindo orientações de sua empresa.

Você não quer que seu cliente em potencial "pense sobre isso" por muito tempo, ou então nada será feito. Na realidade, você quer que sua proposta seja tão interessante que seu novo cliente nem terá de pensar sobre ela. Ao contrário, por sua proposta ser interessante e cuidadosamente preparada, seu novo cliente vai querer assinar o contrato durante a reunião.

XI. Contrato

Finalmente, após a validade, inclua um contrato. Insira nele o máximo de informações possíveis antecipadamente. Destaque todos os espaços em que o cliente terá de assinar.

Tenha um outro contrato em branco dentro da pasta, caso seja surpreendida e alguma alteração precise ser efetuada. Se você é novata, não estará livre de cometer erros e ficará feliz em ter um contrato extra à mão.

XII. Acréscimos finais

Se estiver vendendo um produto ou serviço que tenha algum material de publicidade, sem dúvida anexe-o à proposta. Elabore a proposta da maneira mais profissional e personalizada possível. Para dar um toque extra de Vendedora Boazinha, pegue uma imagem na internet do logotipo do cliente. Poucos profissionais de vendas se dão a esse trabalho. Mais uma vez, seu esforço será apreciado e seu trabalho deixará uma boa impressão.

Em vez de grampear várias folhas juntas, coloque-as em um pequeno fichário ou numa pasta bonita. Sempre demonstre valorizar tudo o que faz.

Um ou dois dias antes da apresentação final, telefone para o cliente em potencial e diga algo assim:

– Acabei de preparar sua proposta e sei que você vai adorar o resultado final. Estou ligando para saber quantas pessoas participarão da reunião, para poder preparar cópias suficientes para todos.

O cliente em potencial terá curiosidade de saber o que você incluiu na proposta. Também apreciará sua preocupação em levar uma cópia da proposta para cada participante.

Na noite anterior à reunião final, releia a proposta. Verifique se todos os documentos necessários estão em ordem. Separe também algumas canetas bonitas para levar. Pratique o sorriso da Vendedora Boazinha e durma bastante!

Dicas de vendas da Vendedora Boazinha

1. Reserve um momento sossegado para escrever.
2. Encontre um formato de proposta que seja a sua cara e que funcione bem para você.
3. Use as palavras do cliente em potencial na proposta.
4. Ofereça duas ou três opções de preços e pacotes dependendo da complexidade.
5. Inclua prazos, validade da proposta, materiais publicitários e contrato.
6. Acrescente uma lista de pedidos ou itens extras, se for o caso.
7. Tenha contratos em branco em sua pasta para o caso de haver alterações.
8. Peça para alguém mais experiente ler os documentos.
9. Releia a proposta no dia anterior à apresentação.
10. Telefone para o cliente em potencial dizendo que terminou a proposta e que ele ficará satisfeito com os resultados.
11. Leve o número suficiente de cópias da proposta para todos os participantes da reunião.
12. Dê à proposta uma apresentação profissional.
13. Leve algumas canetas de qualidade para finalizar o contrato.
14. Treine a apresentação.
15. Pratique o sorriso.

CAPÍTULO 20

COMO APRESENTAR A SUA PROPOSTA

Sempre que possível, a estratégia da Vendedora Boazinha é entregar as propostas pessoalmente. Clientes já me contaram que freqüentemente as propostas são negligenciadas e caem no esquecimento. Depois de investigar, descobri que essas propostas haviam sido enviadas por fax ao cliente em potencial.

Mais uma vez, coloque-se no lugar do cliente. Há algum jargão na proposta que pode não ser compreendido? A lógica da proposta é clara ou é difícil de acompanhar?

Como as perguntas serão respondidas? Você realmente acredita que o cliente em potencial se preocupará em lhe telefonar e fazer perguntas?

E o mais importante: na sua opinião, o que o cliente em potencial pensa ao receber uma proposta por fax? Supondo que você esteja a uma distância que possa ser feita de carro, o cliente vai pensar que você é muito preguiçosa para ir até lá ou que você considera seu tempo mais importante que o dele.

Lembre-se também de que materiais enviados por fax perdem, e muito, a qualidade. Que tipo de apresentação será recebida e que impressão causará?

Normalmente, propostas por fax aparentam ser padronizadas. Podem levar à conclusão de que o vendedor se interessa apenas em ganhar a comissão e não quer trabalhar com o cliente visando encontrar uma solução para conseguir o negócio.

Outra desvantagem de não entregar a proposta pessoalmente é que o profissional de vendas deixará de ver a linguagem corporal e as expressões faciais, tão importantes, enquanto o cliente lê a proposta. É nesse momento que mal-entendidos podem ser explicados, fatos esclarecidos e a proposta salva.

É muito melhor entregar pessoalmente uma cópia da proposta para cada participante e dizer: "Obrigada".

Você está encarregada de dirigir essa reunião e, portanto, cabe a você ditar as regras. A primeira pergunta a ser feita é:

– Alguma coisa mudou desde que nos encontramos?

Não há sentido em ficar uma hora apresentando uma proposta se durante todo o tempo os interessados sabem que os orçamentos estão temporariamente suspensos ou que alguma outra circunstância a impedirá de prosseguir.

Isso também lhe dá a oportunidade de fazer ajustes, caso haja pequenas alterações na empresa do cliente em potencial. Também existe a possibilidade de a empresa ter acabado de anunciar uma fusão ou aquisição. Por todas essas razões, você deve fazer a pergunta: "Alguma coisa mudou?".

Se nada mudou, você tem sinal verde para continuar. A pergunta seguinte é:

– Antes de continuar, alguém tem alguma pergunta?

Se houver alguma pergunta, limite-se a respondê-la. *Não* forneça, voluntariamente, outras informações nessa etapa. Só vai dificultar a situação. Quando todas as perguntas parecerem respondidas, faça a pergunta seguinte:

– Podemos continuar?

Essa terceira pergunta cria expectativa e gera uma intenção de compra, sinalizando que ele está interessado em ouvir o que você está prestes a dizer. Nesse momento, o cliente em potencial está cautelosamente otimista.

Agora o palco é seu. É o seu show. Explique como será a apresentação da proposta e prossiga de acordo com o que foi determinado.

É necessário ler a proposta linha por linha. Passe os olhos rapidamente sobre cada sentença e repita cada uma delas com entusiasmo, enquanto observa a expressão das pessoas.

No momento em que vir alguém levantar a sobrancelha, piscar os olhos, recostar na cadeira ou cruzar os braços, PARE. Pergunte se há alguma dúvida. Mais uma vez, limite-se a responder apenas às perguntas e continue.

Se todos lhe parecerem perfeitamente satisfeitos, pergunte se há dúvidas apenas no fim de cada seção. Novamente, limite se a responder às perguntas. Se por alguma razão lhe fizerem uma pergunta que não souber responder, responda simplesmente:

– É uma boa pergunta. Eu não tenho a resposta no momento, mas vou consegui-la imediatamente. Contudo, se a resposta que eu receber for negativa, isso se tornará um empecilho para continuarmos?

Por mais difícil que pareça, ficará ainda mais difícil se você não souber e não perguntar. Continuar supondo que está tudo bem e avançar contando com o fechamento da venda para, numa etapa seguinte, simplesmente ter de adiá-la, não será bem recebido pela sua gerência. Na verdade, criará uma situação caótica no escritório.

Tudo deve ficar muito claro nessa etapa. A honestidade é realmente a melhor política para vendas que estão para ser concretizadas.

Os meus clientes apreciavam o fato de eu ser direta e franca em todas as circunstâncias. Não tenho tempo para joguinhos; nem eles. Fingir saber algo não é uma estratégia e não ajudará você a alcançar suas metas. A gerência adorava que eu fizesse as perguntas difíceis, pois isso me possibilitava mantê-los atualizados quanto aos pormenores de cada conta. Eu sempre sabia o próximo passo a ser dado e qual a minha posição na conta. Clientes e gerência demonstravam sua estima por minha honestidade e disposição para trabalhar com eles recompensando-me com novos negócios e bônus.

Se prometer ao cliente em potencial uma resposta em 24 horas, cumpra a promessa. Se, nesse meio-tempo, chegar à conclusão de que serão necessárias 36 horas para encontrar a resposta, telefone bem antes das 24 horas prometidas inicialmente.

Seja franca e peça um adiamento, mas diga também que você os manterá informados e voltará a telefonar tão logo tenha a resposta. Dê uma nova estimativa de prazo para a informação. Desta vez, dê um prazo mais longo do que acredita que de fato precisará.

É surpreendente como os clientes se lembram quando você faz uma promessa para uma determinada data. Se você não responde no prazo prometido, eles passam a não confiar em você e, conseqüentemente, a não fazer mais negócios com você.

Quando finalmente você chegar à parte da proposta que inclui os pacotes e custos (reveja também o capítulo anterior sobre os pacotes), explique da seguinte maneira:

– O Pacote nº 1 é exatamente o que você pediu e está dentro do orçamento que me passou. Você manifestou essas necessidades e o pacote o atenderá a curto prazo.

O Pacote nº 2 é um pouco melhor, proporciona mais variedade, espaço para crescer e acomodar mais departamentos. Os itens mais desejados de sua lista de pedidos foram incluídos nesse pacote.

Finalmente, o Pacote nº 3 apresenta o que há de melhor no mercado. Eu o incluí para que você saiba o que é possível no futuro. No entanto, se quiser isso hoje, com certeza vai recebê-lo.

Trace um esboço do que exatamente podem esperar e os motivos convincentes para considerar o último pacote.

Certifique-se de que todos tenham entendido e concordem com suas justificativas. Nesse momento você estará consolidando a credibilidade e a confiança que vem construindo desde o primeiro contato.

Dicas de vendas da Vendedora Boazinha

1. Forneça uma cópia da proposta a todos os participantes.
2. Pergunte imediatamente: "Mudou alguma coisa desde o nosso último encontro?"
3. Limite-se a responder apenas às perguntas específicas.
4. Não dê nenhuma informação adicional.
5. Quando todos concordarem que não há mais perguntas, indague o seguinte: "Podemos continuar?".
6. Exponha a seqüência da apresentação e proceda conforme estabelecido.
7. Leia a proposta linha por linha.
8. Observe a linguagem corporal e as expressões faciais dos presentes.
9. Pare e aborde qualquer gesto ou expressão incomum.
10. Após cada seção, pergunte se há dúvidas.
11. Limite-se a responder apenas às dúvidas.
12. Tome nota se não souber a resposta.
13. Prometa um prazo possível para conseguir a resposta e mantenha a sua promessa.
14. Se não houver dúvidas, siga para a página dos pacotes.

15. Explique: "Elaborei três pacotes, incorporando todas as informações fornecidas por vocês. Eu, sinceramente, não estou preocupada com qual pacote vocês escolherão. Quero apenas o melhor para sua empresa. Cada um dos pacotes atende às suas necessidades, e a lista de pedidos está incluída nos pacotes 2 e 3".
16. Explique cada um dos pacotes.
17. Novamente, observe as expressões faciais e a linguagem corporal.
18. Quando terminar de ler cada pacote, explique, durante um minuto, por que e como os organizou.
19. Depois de descrever cada pacote, pergunte se há dúvidas e responda-as conforme apropriado.

CAPÍTULO 21

CONCLUSÃO DA VENDA, OU FECHAMENTO NATURAL

Prometi ensinar um fechamento fácil e natural para a venda. Chegou a hora de cumprir a promessa.

Lembre-se de toda a preparação feita até agora. Você se encontrou com o cliente em potencial uma, duas ou várias vezes. Por causa de sua competência em construir relacionamentos, o cliente em potencial confiou a você seus pensamentos, vontades e desejos mais íntimos. Cuidadosamente, você tomou nota com as palavras dele e as transformou em uma proposta objetiva. Você está oferecendo tudo o que o cliente quer e precisa. Em geral, a maioria dos vendedores não se dá a todo esse trabalho por uma venda. Sua concorrência desapareceu. Você virou uma parceira ajudando o cliente em potencial a alcançar as metas. Uma vez alcançadas, ele ficará bem e você será a pessoa que o ajudou a chegar lá. O favor que você fez não será esquecido.

As palavras do cliente em potencial levaram você a preparar uma proposta contendo o que é mais importante para ele, com não apenas um, mas três pacotes aceitáveis. A única pergunta que talvez ainda reste a fazer ao cliente em potencial (em breve um cliente) é:

– Qual pacote você prefere?

É isso! Fácil, não? Você concluiu a conversa, seguida da pergunta:

– Que pacote posso lhe fornecer?

A parte mais difícil da venda

Você se lembra de eu dizer para praticar o sorriso na noite anterior à reunião? É o mesmo que dizer: "Quem falar primeiro perde".

Depois de fazer a pergunta, você DEVE se sentar confiante (sabendo muito bem que fez um excelente trabalho), sorrir e esperar.

Mesmo que sejam quinze minutos de silêncio, você *deve* ficar sentada, quieta, e sorrir de maneira confiante.

Talvez o cliente reconheça que a bola está com ele e que precisa responder. Ele poderá dizer:

– Eu quero o Pacote nº 2.

Ou então o cliente fará uma pergunta. Novamente, limite-se a responder-lhe. Não forneça nenhuma informação adicional. Se não entender a pergunta ou se esta a deixar confusa, pergunte "Por quê?" ou "Você poderia explicar melhor?".

Pode ser que seu coração esteja batendo tão rápido que você nem consiga raciocinar direito. Uma das duas perguntas acima a ajudará a ganhar tempo e se recompor. Concentre-se e responda de forma inteligente, enfocando a questão.

Depois que você responder, pode ser que não haja uma reação real do cliente. Você poderá dar mais um passo e continuar a conversa perguntando:

– Respondi a sua pergunta?

Seguida por:

– Vocês têm mais alguma pergunta?

Nesse momento, o cliente ainda está pensando sobre o que fazer em seguida. Ficando em silêncio, você o pressiona a dar o próximo passo.

Supondo que tudo tenha sido executado conforme o planejado e que você tenha chegado até aqui, é mais provável que você ouça:

– Essa proposta é satisfatória.

Se o cliente retomar a conversa de forma lenta e hesitante, você poderá novamente perguntar o que ele prefere:

– Qual pacote agrada mais a vocês? Posso dar minha opinião? Com certeza o nº 3 será o mais lucrativo para mim, mas ele pode não ser adequado para vocês no momento. Eu apenas queria que conhecessem tudo o que podemos fornecer.

– Se estão indecisos entre o nº 2 e o nº 3, eu ficaria com o nº 2 (mostre as vantagens desse pacote) se estivesse em sua posição.

Dê uma explicação curta e direta. Note que você somente oferece sua sugestão se o cliente estiver com dificuldades para escolher. Caso contrário, permaneça em silêncio e sorria. Em geral, os clientes sabem do que precisam e não querem que lhes digam.

A essa altura, o novo cliente já terá escolhido um pacote de sua preferência. A penúltima pergunta para concluir talvez deva ser sobre a entrega.

– Para quando devo programar a entrega do Pacote nº 2?

– Podemos instalar o Pacote nº 2 até 1º de dezembro. Essa data é adequada para vocês?

Quando o cliente concordar com a data da mudança, você saberá que a venda está praticamente fechada.

A venda não é oficial até...

- Que seja autorizada através da assinatura
- A mudança ocorrer sem dificuldade
- Você permanecer em contato em cada etapa do processo
- Passar o período de arrependimento do comprador

Após a minha primeira venda, quinze anos atrás, tive de rasgar o cheque e o contrato do novo cliente. O comprador se arrependeu nas primeiras 24 horas.

Ainda novata em vendas, acho que não convenci o cliente de que ele ficaria satisfeito com a mudança.

Voltando ao processo de finalização, você ainda tem trabalho pela frente. Mais uma vez, explique detalhadamente como será todo o processo, incluindo o prazo para que cada etapa aconteça. É muito provável que o cliente não tenha ouvido na primeira vez, pois devia estar concentrado na decisão a ser tomada.

E as ações finais de fechamento são...

- Vá até a página onde o contrato será assinado.
- Entregue ao cliente uma de suas bonitas canetas.
- Diga o seguinte: "Tudo que preciso é de sua autorização aqui".

OBSERVAÇÃO: Não diga:

– Assine aqui.

Ou

– Eu preciso de sua assinatura aqui.

Qualquer variação da palavra "assinar" faz as pessoas acreditarem que estão renunciando à própria vida. Em vez disso, é melhor usar a palavra "autorizar".

Use as palavras:

– Autorize o contrato aqui.

Nessa fase, você ainda estará construindo o relacionamento com a técnica da Vendedora Boazinha. A palavra "autorizar" indica que o cliente tem poder. Para aumentar o impacto, ofereça uma bonita caneta à pessoa que autorizará o contrato.

Quando estiver orientando onde o contrato deve ser autorizado, verifique se a linha correta está destacada em amarelo e marcada com um grande "X". Tudo que você possa fazer para facilitar ao cliente a autorização do contrato acelerará o processo e a colocará em uma posição mais favorável.

Pode ser necessário fazer ainda um comentário depois de pedir a autorização. Esse comentário adicional depende exclusivamente de como o negócio é conduzido:

– Bem, agora tudo o que precisamos para darmos início ao processo é de um depósito de 30 mil reais.

Pedindo o depósito ou não, nesse momento você deve se sentar, mais uma vez, com um grande sorriso no rosto e aguardar em silêncio.

Quando o cliente entregar de volta o contrato, ofereça para que fique com a caneta em sinal de consideração. Fale um sincero "Obrigada" para o novo cliente. Essa é a hora certa para você reforçar novamente ao cliente que ele fez uma excelente escolha e que você fará todo o possível para garantir uma transição tranqüila.

Antes de partir, pergunte ao cliente se ele quer fazer uma cópia do contrato ali mesmo ou se prefere que você envie a cópia posteriormente. Faça o que uma Vendedora Boazinha faria.

Quando estiver pronta para sair da reunião, aperte a mão de todos os presentes na sala, olhando nos olhos, e agradeça de verdade a cada um.

Mais uma vez, diga à pessoa que autorizou o contrato que você permanecerá em contato durante todo o processo. Deixe claro que você também acompanhará toda a mudança.

Explique os próximos dois passos programados e quando eles deverão receber notícias suas.

Tão logo chegue ao escritório, faça duas coisas imediatamente:

1. Entregue o contrato para que seja processado
2. Escreva uma nota de agradecimento a todos os que participaram da reunião de autorização.

Faça tudo o que estiver ao seu alcance para tornar a transição tranqüila e prazerosa. Quando algum *hardware* ou *software* estiver sendo instalado, programe-se para estar lá durante uma parte do tempo. Leve pães, bolos ou bombons.

Apresente as pessoas de sua equipe aos funcionários da empresa do cliente para que todos se sintam confortáveis com a mudança.

Não importa que problemas aconteçam de seu lado, não os comunique ao novo cliente. Faça da transição a mais perfeita possível. Pareça sempre sorridente e feliz.

Se o seu lucro com a venda for suficientemente grande, convide o novo cliente para almoçar. Um almoço é uma ótima forma de se aproximar dele. Você poderá também convidar as outras pessoas que ajudaram na decisão. Se a venda for pequena, leve uma caixa de bombons para o cliente. Os clientes apreciam o gesto e a consideração. Mesmo que não possam almoçar com você, eles se lembrarão do convite gentil. Um presente de qualquer valor, como forma de agradecimento, será apreciado e lembrado.

Desde que você atenda esse cliente a partir do momento da autorização do contrato, terá muitas chances de desenvolver vendas repetidas e referências. E, o que é mais importante, vai ficando cada vez mais eficiente em construção de relacionamentos e deixando cada vez mais clara a filosofia da Vendedora Boazinha.

Depois de tudo concluído, você poderá receber uma nota de agradecimento pelo excelente serviço prestado. Coloque essas notas e/ou e-mails em seu *portfolio*, uma pastinha que deve estar cheia de suas realizações. Da próxima vez que alguém perguntar "Como posso saber se você é digna de crédito?", você poderá mostrar sua coleção de comentários favoráveis para provar.

Dicas de vendas da Vendedora Boazinha

1. Revise mentalmente tudo o que fez até esse ponto e sinta-se confiante.
2. Simplesmente pergunte (com um grande sorriso): "Qual pacote você prefere?"
3. Permaneça em silêncio até alguém falar.
4. Continue sorrindo!
5. Responda apenas a perguntas específicas.
6. Pergunte se a resposta sanou a dúvida.
7. Pergunte se há mais alguma dúvida.
8. Proceda até a próxima afirmação de fechamento: "Agora só precisamos de sua autorização aqui".
9. Ofereça uma bonita caneta para ser usada na autorização e, depois, dê a caneta de presente.
10. Se necessário, diga: "Tudo o que preciso é de um depósito de 30 mil reais".
11. Explique as etapas para a entrega dos serviços e o prazo para cada etapa.
12. Assegure o cliente de que ele fez uma ótima escolha e de que a transição será tranqüila.
13. Pergunte se o cliente quer fazer uma cópia do contrato ali mesmo ou se prefere que você envie uma cópia posteriormente.
14. Agradeça a todos intensamente e aperte a mão de cada pessoa que participou da reunião de autorização.

15. Quando voltar para o escritório, processe o contrato imediatamente.
16. Escreva uma nota de agradecimento a todos os que ajudaram na decisão.
17. Participe também de cada detalhe da entrega e comunique os detalhes positivos ao cliente.
18. Faça o possível para solucionar todos os problemas de seu lado sem revelar os detalhes ao cliente.
19. Dependendo da natureza e do tamanho da venda, leve uma lembrança para o cliente ou o convide para almoçar.
20. Se algum membro de sua equipe precisar visitar o cliente, faça as apresentações.
21. Desenvolva um ambiente de consideração e estima entre sua empresa e a empresa do cliente.

CAPÍTULO 22

CONQUISTE VENDAS REPETIDAS E REFERÊNCIAS

Quando se está à procura de clientes em potencial, é preciso muito trabalho para conquistar o interesse deles. Depois de uma venda, é necessário trabalhar pelo menos duas vezes mais para mantê-los satisfeitos e atualizados sobre as novidades de sua empresa.

Há várias estratégias da Vendedora Boazinha que podem ajudar você a distribuir o tempo para falar com todos os seus clientes e ainda fazer com que você venda mais. O primeiro passo é manter o sistema de gerenciamento de banco de dados à mão e atualizado. Mantenha uma agenda e carregue-a consigo durante todo o dia. Anotando os contatos, tarefas e observações, você estará sempre em primeiro lugar nas vendas. O resultado mais importante é que sua eficiência aumenta significativamente.

Ao rever sua lista de coisas a fazer e entrar em contato com clientes, informe-os sobre qualquer novo acontecimento dentro de sua empresa. Eles gostam de saber que sua empresa também almeja crescer.

Quando telefonar ou visitar um cliente, procure saber sobre os novos acontecimentos na empresa dele. O cliente em potencial mais fácil e barato é o cliente atual. Um contador me disse que conseguir um novo cliente custa seis vezes mais do que desenvolver outros negócios com o cliente atual.

Esteja sempre informada sobre as novas oportunidades de negócios nas suas contas. Mantenha contato constante com o cliente e, com o tempo, conheça o máximo de pessoas possíveis dentro da empresa dele.

Ao ler notícias sobre o setor e a empresa do cliente, pergunte-se como essas notícias podem afetá-los. Podem ter alguma repercussão nos seus serviços atuais ou futuros prestados a esse cliente? Diga ao cliente que você está ciente do assunto e peça sua opinião.

Caso leia alguma crítica favorável ou ouça uma entrevista sobre a empresa ou seu contato, diga isso a ele. Telefone ou escreva para cumprimentá-lo. Tudo o que puder fazer para que saiba que você mantém o interesse na empresa dele, será ótimo para a construção de relacionamentos sólidos e negócios futuros.

Muitos vendedores desaparecem depois de fechar uma venda. Preferem fazer a venda rápida de sucesso, acreditando que o gerenciamento de contas consome muito tempo. Quando tudo está funcionando, o novo cliente nunca mais ouve falar do vendedor.

Mas a Vendedora Boazinha não faz isso, pelo contrário, ela pede ao cliente que ele faça um relatório para ela saber do desempenho de sua empresa, avaliar se cumpriram o prometido e resolver qualquer problema inesperado. Em seguida, mensalmente alterna contatos por telefone, e-mail, correio, cartões e visitas pessoais. Trimestralmente, pode enviar um cartão divertido por e-mail. Pode ter certeza – a Vendedora Boazinha também sabe vender!

Já falamos sobre venda estratégica anteriormente. Entretanto, se você conseguiu iniciar o processo de venda apenas com um departamento, comece lentamente, mas com segurança, a perguntar sobre os outros departamentos.

Pergunte se o restante da empresa se beneficiará do serviço que você está prestando àquele departamento. Se a resposta for "sim", peça para ser apresentada aos chefes dos outros departamentos. Se o seu serviço for excelente durante todo o tempo, lentamente você conquistará o restante da empresa.

Agora que a mudança para o seu serviço foi concretizada e você tem clientes felizes, peça referências. Eles têm colegas em outras empresas que podem utilizar os mesmos serviços? Seus clientes fazem parte de alguma organização? Se pertencerem, será que poderiam passar seu contato? Conhecem outras pessoas que têm a mesma função que eles?

A pessoa que recebe referências suas já sabe que você presta um excelente serviço. Será uma venda muito mais fácil e uma negociação mais curta.

Quando for apresentada a outro cliente em potencial, retribua o gesto à pessoa que fez as apresentações. Escreva uma nota de agradecimento e convide-o para almoçar. Certifique-se de que a retribuição esteja de acordo com a personalidade de quem a recebe e, claro, esteja dentro de seu orçamento.

Se alguém oferece ajuda de uma forma inesperada, como, por exemplo, um convite para uma palestra, vá em frente! Tente algo novo e veja o que acontece. Um novo caminho pode muito bem abrir seus horizontes e permitir que você venda mais do que jamais poderia imaginar.

Dicas de vendas da Vendedora Boazinha

1. Administre os seus contatos de maneira eficaz e simples.
2. Mantenha contato mensal com os clientes e varie os métodos de abordagem.
3. Procure notícias sobre a empresa de seu cliente.
4. Mantenha um diálogo aberto com o cliente sobre a sua empresa e a dele.
5. Construa relacionamentos em cada empresa.

6. Desenvolva oportunidades para repetir vendas.
7. Peça referências.
8. Reúna notas de agradecimento e e-mails em seu *portfolio*.
9. Aceite a ajuda oferecida.

Definição de metas

Reavalie sempre as suas metas. Reflita sobre o que quer alcançar em seguida, o que será necessário e como executar os planos. Pode ser que você precise repensar a idéia de encontrar um mentor ou consultor de negócios.

Com certeza, você deve ir atrás de informações e novidades sobre o seu trabalho. Quanto mais experiência tiver, maior será o seu sucesso.

Um dia, poderá querer começar um negócio próprio. Empresas administradas por mulheres geralmente dão bons resultados. Uma outra garantia de sucesso financeiro é ter "várias fontes de renda". Essa é uma maneira atual de se dizer "diversificar". Tradicionalmente, diversificação era apenas para grandes negócios, mas hoje os empreendedores podem fazer o mesmo. A Vendedora Boazinha empreendedora pode agora descobrir novos meios de ganhar dinheiro. Uma solução comum é agrupar informações similares na forma de conferências, CDs, *e-books*, relatórios, artigos, seminários e licenças. Uma vez que você passe a conhecer o desejo de seus clientes, cabe a você prestar esse serviço. Mantenha a mente aberta e preste atenção às solicitações. Você descobrirá caminhos antes inimagináveis.

Voltando às vendas tradicionais, procure canais de vendas e determine se podem ser aplicados ao que você vende. Por exemplo: fabricantes de sapatos fazem sua distribuição através de lojas de atacado e varejo, a fim de vender mais sapatos e desenvolver o nome da marca.

O principal é começar a pensar com criatividade sobre o que você vende e sobre como é possível expandir mais facilmente sua área de atuação ou público. Tentando caminhos diferentes, você poderá encontrar uma nova fonte de renda.

No início as vendas lhe tomam longas horas de trabalho, mas, com o tempo, será divertido e gratificante. Se você gosta do produto que vende e acredita nele, não desista. Persista e as vendas virão.

Enquanto trabalha diariamente em seus planos, mantenha uma lista atualizada de metas a curto e longo prazo. É bom riscar as metas cumpridas e é um desafio saudável adicionar novas metas à lista, enquanto se mantém atenta às metas a longo prazo.

Sua lista deve incluir as metas pessoais e da empresa. Diga a si mesma quanto vai vender a cada mês. Se tiver uma cota, determine qual será a porcentagem de realização.

Se trabalhar em uma empresa com bônus trimestrais e anuais, imponha-se o desafio de atingir essas metas.

Anote todas as metas alcançáveis agora e aquelas que estão um pouco acima do que você consegue. Uma coisa incrível acontece quando você promete a si mesma que fará de tudo para atingir essas metas – você de fato consegue atingi-las! Você ficará bastante entusiasmada por participar desse processo.

Caso trabalhe para uma empresa menor ou em um negócio próprio, desafie-se a atingir montantes maiores de vendas a cada mês. Acrescente esse desafio à meta de atingir maior margem de lucro sucessivamente a cada mês. E, finalmente, adicione mensalmente um ou dois novos clientes.

Você se sentirá muito satisfeita ao olhar para trás depois de seis meses e no fim do ano e perceber como chegou longe. O processo para conquistar maior porcentagem de fechamento, mais clientes e lucro maior passa a ser emocionante pois tudo foi conquistado por mérito seu.

Uma outra idéia é se desafiar a trabalhar em uma empresa reconhecida, que antes julgava impossível de entrar. Imagine formas criativas de chegar até a pessoa que toma as decisões.

Alcançar os desafios que impôs a si mesma faz com que você aumente sua autoconfiança e seu equilíbrio. Novos clientes reconhecerão o seu sucesso e desejarão fazer negócios com você. O trabalho árduo contribuirá para um lucro maior.

Agora que está prestes a alcançar uma renda maior, é preciso definir metas pessoais. O que você gosta de fazer nas horas vagas? Se viajar é um de seus desejos, planeje uma viagem viável para quando atingir as metas. Você prefere jantar em um restaurante fino? Planeje o restaurante em que irá jantar com sua companhia favorita assim que fechar a próxima venda.

Dicas de vendas da Vendedora Boazinha

1. Execute seus planos diariamente.
2. Estabeleça metas a curto e longo prazo.
3. Estabeleça metas de vendas da empresa e metas pessoais.
4. Reavalie as metas mensalmente e defina sempre algumas metas que estejam um pouco além de sua experiência.
5. Escreva suas metas e repita-as em voz alta.
6. A cada seis meses olhe para trás e veja tudo o que conquistou, e revise sua lista.
7. Recompense a si mesma pelas metas alcançadas.

CAPÍTULO 23

PALAVRAS SÁBIAS DE EMPRESÁRIAS MULTIMILIONÁRIAS

Aqui algumas palavras sábias de mulheres que se tornaram muito bem-sucedidas por méritos próprios. Essas palavras estão dispostas como dicas de vendas. Gosto dessas citações e me baseio nelas, por isso gostaria de passá-las a você.

Dicas de vendas da Vendedora Boazinha

1. Livre-se da palavra "medo".
2. Pense nas obrigações como "O que tenho para fazer hoje?", em vez de "O que eu tenho de fazer hoje?".
3. Venda apenas aquilo de que goste.
4. Mantenha-se focada.
5. A diferença entre um empresário de sucesso e um que fracassou é que o empresário de sucesso nunca desistiu.
6. Retribua à sua comunidade.
7. Realize trabalhos filantrópicos.
8. Lembre-se, nenhuma decisão afunda uma empresa, mas deixar para depois sim.

9. Programe um momento sossegado para pensar sobre seus negócios.
10. Pense G-R-A-N-D-E.
11. Ouça a sua intuição.
12. Há uma boa razão para o espelho retrovisor ser tão pequeno e o pára-brisa ser tão grande. É bom lembrar de onde você veio, mas não se prenda a isso – siga em frente!

CONSIDERAÇÕES FINAIS

O toque final da Vendedora Boazinha que tem sucesso nas vendas é motivado pela criação de metas, construção de relacionamentos, venda com base em soluções, realização das metas e reconhecimento de que a venda final foi lucrativa para todos. Inclui também a auto-recompensa por um excelente trabalho. Houve momentos em que me divertia tanto que era difícil acreditar que estivesse sendo paga para vender. Desejo o mesmo a você, e todo o sucesso que sonhar!

Meu último conselho é ir até o fim do jogo. Mesmo que as possibilidades de sucesso pareçam pequenas, continue em frente porque sempre há finais do tipo "felizes para sempre".

Desejo a você um bom empreendimento, sucesso da Vendedora Boazinha e uma venda tranqüila [*Smooth Sale*]!

Elinor Stutz

Este livro foi impresso pela Prol Gráfica
em papel *offset* 75 g.